联合出版方 Co-Publishers

武汉大学媒体发展研究中心（教育部人文社会科学重点研究基地）
Center for Studies of Media Development in Wuhan University,
Key Research Institute of Humanity and Social Sciences, Ministry of Education, P.R.C.

中国传媒大学出版社
Communication University of China Press

武汉大学跨文化传播研究中心
Research Center for Intercultural Communication, Wuhan University

Intercultural
Communication
China

传媒集刊

跨文化传播研究

第一辑

Intercultural Communication Studies

单　波◎主编

中国传媒大学出版社
·北京·

序

寻找跨文化传播的可能性

◈ 单　波

当跨文化传播国际学术会议(ICIC)进入第十届的时候,《跨文化传播研究》辑刊面世了。自2003年以来,这个会议聚集五大洲的跨文化传播研究者,基于东西方跨文化经验的对话,重建了跨文化传播的问题域,形成以"跨文化传播如何可能"为中心的多维问题意识。虽然"跨文化传播如何可能"的讨论充满不确定性,但这种讨论带来了一种可能:共创一本定期出版物,建构多元文化对话的跨文化传播学术空间。

跨文化传播来源于全球化,又接受着全球化的挑战。当人们怀着乡愁加入全球流动,走进大都市的陌生人社会,遭遇没有保障的跨文化交流,尝尽群体间偏见、歧视与污名化,落入与他者交流的困境,"跨文化传播如何可能"就成为每一个人的追问。陷入困惑的人失去交流的力量,而清醒的人则努力用交流治疗交流的病痛。当人们适应了全球流动,说着英语,哼着流行歌曲,秀着品牌,浏览着大数据,欣赏着时尚表演,全球化又成了跨文化传播必须面对的问题。它蕴含着暴力,使一切都落入权力支配体系,把人引向同质化、文化霸权、文化割据的世界。全球化把人们推向跨文化传播之路,但人们回头一望,这条路又被全球化毁坏了。

然而,人的自由天性使人不甘于忍受全球流动的苦痛和全球化的暴力,而是把全球化制造的跨文化传播难题变成一个通向交流反思和实践的公共论域,试图重构普遍交往,使其通向主体间性传播和文化间性传播。令人沮丧的是,全球化的"中心—边缘"范式分割了跨文化传播研究,移民流动的"北方"目的地成为跨文化传播理论话语中心,而"南方"成为跨文化传播理论的旅行之地,这使得跨文化传播研究一直没有脱离由"北方"所界定的主题,诸如身份、文化适应、传播动态性、跨文化能力、群体间偏见、刻板印象、文化差异、跨文化教育与培训等。不可否认,身处全球主流社会的跨文化传播研究者大多具有亲边缘人的"情感结构",但由于全球化消解了非中心的多元文化对话者的显性存在,其理论思维依然是不完整的。这些依赖单一理论的思考者难以迂回到多元文化的跨文化智慧之中,因而难以形成类似弗朗索瓦·于连(Francois Jullien)那样的"思想的震颤","体验思想在异域漂流的感觉,以致找不到共同的范围和框架,无法归类"。失去"思想的震颤",跨文化传播研究常常呈现某种理论重复状态。而"南方"的学者又很难摆脱知识生产的权力支配体系,无法有效构建可交流的跨文化传播理论空间。

"跨文化传播如何可能"像一头大象。来自不同地域、不同文化语境的人都能触摸到问题的特定"部位",相互见证问题的多样性与复杂性,相互提供文化智慧、提醒理论盲点,像古丝绸之路上的宗教家分享"盲人摸象"(典出《大般涅槃经》)的智慧一样,保持文化间的心灵对话,拓展跨文化传播研究的思维空间。

我们希望《跨文化传播研究》真正成为多元文化对话的跨文化传播学术空间,深深扎根于人类自由交往的需要与实践,通过经验研究揭示把各种跨文化情境组织起来的社会结构,提供保持文化多样性与文化间可沟通性的独特路径；通过批判研究揭示文化间的权力关系，重构人类的普遍交往；通过学术对话展现特定语境下的跨文化传播探索，及其与跨文化交流的历史进程之间的关系，增进各文化区域的学者对跨文化理性的理解。

我们深深寄望于跨文化的交往理性，希冀以走向主体间的相互理解与表达的姿态，推进跨文化传播研究和理论对话，以见证那隐含在多元文化实践中的共享的理性。

目　录

CONTENTS

跨文化传播的问题域

◈ 单　波*

自工业革命以来，全球化就把人类带入普遍交往的时代，向现代人发出了传播的邀请。当传播面临我们与他者如何交流的难题时，它又向现代人发出了跨文化传播的邀请。

告别现代传播所建构的“中心一边缘”关系、“传者一受众”关系，跨文化传播转向主体间传播关系的建构，主要对应着三种英文表述：intercultural communication、cross-cultural communication 与 transcultural communication。尽管问题导向都在于如何与异文化中的个体进行交流，但是三者侧重不同。

置身文化互动语境之中的人类学家爱德华·霍尔（Edward T. Hall）将人类学对单一文化的研究扩展为比较文化研究，进而关注不同文化的人之

* 单波，武汉大学媒体发展研究中心研究员，武汉大学新闻与传播学院教授。

间如何互动,在 20 世纪 50 年代首次提出“intercultural communication”概念。[①] 其内涵偏向文化差异及文化适应,强调互动是文化的核心;作为主体性的人,既要适应同一文化内部的变动,即“濡化”(enculturation),也要理解并接纳文化之间的互动以及所产生的文化特征的变化,即“文化适应”(acculturation)。

“cross-cultural communication”侧重于横向的文化比较层面。20 世纪 60 年代,通过反思殖民主义语境下的劝服研究,乔治·加德纳(George H. Gardner)首先提出这一概念,它指不同文化背景下的人或族群的联系和交往,这种交往是在横向文化比较的框架下进行的。[②] 语言学用这一概念表示人际交往之中处理文化差异的语言技巧——既要与他人交往,又不能把某种文化强加于人或将自身囿于某一文化之中。

20 世纪 40 年代,古巴学者费尔南多·奥尔蒂斯(Fernando Ortiz)在《古巴的对应物:烟草与糖》一书中首次提出“transculturation”,以此讲述古巴本地民族文化与殖民帝国文化互动的文化转型历程。它包含三个阶段:去文化(deculturation)、文化适应(acculturation)与新文化(neoculturation),即“通过文化混血(métissage)的方式去文化,融入新的文化之中,重塑新的共同文化,从而使身份合法化”[③]。由此可见,“transculturation”“transculturalism”侧重于文化身份的过渡、转化与融合之意。1977 年,一篇关注医患的不同文化背景所导致的交流差异的论文首次提到“transcultural commu-

① 单波.跨文化传播的问题与可能性[M].武汉:武汉大学出版社,2010:44.

② GARDNER G H. Cross cultural communication[J]. The journal of social psychology, 1962,58(2):241-256.

③ ORTIZ F, FERNÁNDEZ F O. Cuban counterpoint, tobacco and sugar[M]. Durham: Duke University Press, 1995.

nication”。[①] 其工具性色彩十分强烈，注重不同文化间的横向对比，强调尊重文化差异，以提升交流效率，这与“cross-cultural communication”并无太大差异。1979 年，在《非语言行为》的序言《跨文化传播的文化模型》中，爱德华·霍尔使用“transcultural communication”强调文化内在的包容性与隐蔽的对外排斥性。[②]在 2015 年出版的《跨文化传播》(*Transcultural Communication*)一书中，德国传播学者安得利亚斯·海珀(Andreas Hepp)将“transcultural communication”界定为借助大众媒体、互联网等新旧媒介所进行的文化互动与文化冲突，[③]以区别于“intercultural communication”所包含的人际与群际交往。在海珀看来，与“transcultural communicaton”密切相关的两个概念是“全球化(globalization)”与“媒介化(mediatization)”。全球化指的是在这一进程中，民族文化在交往过程中发生的变化。媒介化则指我们如何通过媒介与交往塑造新的社会与文化。由此可见，“transcultural communication”指的是文化交往的纵向过程，且强调交往与文化的互动性，即在文化转型过渡中的交往，以及交往所带来的文化转化。

这三种表述重点呈现了文化互动的“我”、文化交叉的“我”和文化融合的“我”回应全球化时代的“我”的生存图景：全球流动不断使人们体验普遍交往，遇见陌生人，经受文化差异与文化压力，进入文化适应，感受文化连接与分割的心理考验，由此引申出“跨文化传播如何可能”的追问。

人们急于通过这一追问把自己从“囚徒困境”和“对空言说”中解救出来，悄然远离起源于全球贸易、以传播效果和社会影响为导向的传播学问题，转向

① GIEL R. Problems of transcultural communication[J].Mental health & society, 1977,4(5-6):291.

② HALL E T. Foreword:cultural models in transcultural communication[M]//Nonverbal Behavior.Pittsburgh:Academic Press, 1979:xi-xvii.

③ HEPP A. Transcultural communication[M]. New Jersey:John Wiley & Sons,2015:5.

建构多元文化的传播关系,形成以“和而不同”、交往理性为导向的传播问题:不同文化背景的人之间的传播关系是如何形成的?这种传播关系如何可能通向平等且互惠的关系?伴随着全球化进程,这一问题成为文化交流、转化、交叉、融合等传播实践中的公共问题,或隐或显地呈现于不同学科领域。主体间性哲学、跨文化人格、对他者文化的地方知识进行语境化理解、人类互动网络史观、群体间的互惠性相互依赖关系、传播与文化同构的语言观、对话理论、经济学的人类互惠性合作理论以及精神病理学的共情理论,连同传播学的仪式传播观,都从不同角度触及这一问题。不可否认,跨文化传播研究一直为多元而杂乱的知识兴趣所笼罩,也为全球化战略所导引,使问题域变得模糊不清。但随着越来越多的具有边缘人身份或置身于多元文化交流实践的人占据学术空间,“跨文化传播如何可能”的问题越来越明晰化,且呈现为具有逻辑关系的问题链:从“我”与他者的交流实践出发,面向主体间交往的不确定性;在文化适应的过程中反思群体间接触的他者化;在跨文化对话中超越语言间交流的差异化;反思文化间的权力支配关系,恢复文化间交往的竞争性与互惠性。由此构成跨文化传播研究的“主体间、群体间、语言间、文化间”问题框架。

一、主体间交往的不确定性

“从他者出发”是一个人走出自我的城堡、遇见另一个主体并与之建立主体间交往关系的第一步。可是,人类的各种语言竟然如此神同步地用“陌生的、不同的、不确定的、可怀疑的”指称“他者”,把“他者”界定为一切恐惧的源泉和原型,[①]以致让那个试图“从他者出发”的人彷徨不已,下意识地问自己:“谁是我们?谁是他们?”这一来源于跨文化情境之下的自我测试,表

① 鲍曼.现代性与矛盾性[M].邵迎生,译.北京:商务印书馆,2003:11.

现出对同一的他者和差异的他者的想象程度，进而决定同化、融合、分离等交流策略的选择。英国诗人吉普林(Rudyard Kipling)很典型地表达了一种后殖民主义文学所审视的“差异的他者”：

父亲、母亲和我
妹妹和姑姑说
所有像我们的人是“我们”
其余的人是“他们”
“他们”生活在海那边
“我们”生活在路这边
但是——你相信吗？
他们将我们仅仅看作是一群某种“他们”！

“我们与他们”的二元对立意识在一定程度上阻碍了“我”与“他者”的交流，这一难题被神学时代的“异端”思维和现代性的“主体”思维所强化。如今，“他人即地狱”意识使人排斥他者，“我思故我在”使人怀疑一切，把人的主体性的领域和外在于主体性的领域分开，把主体看作一个个封闭的个体。这样一来，用怀疑的目光审视一切的主体，只能通过“我思”求证自我的存在，而无法通向他者。但从胡塞尔开始，主体性的理解转向“与世界的意义关系”，即人的意识是一种开放性的意识，我们始终活在与世界的意义关系之中，这种关系是意向性的、动态的。保罗·利科(Paul Ricoeur)则进一步理解主体性中的主体间性，认为人本来就生活在一起，活在某种关系当中，在这种关系中，人才能理解所谓的自身是什么，形成普遍的“伦理追求”，即

"与他人一起,为了他人,在正义的制度中过'好的生活'"[①]。这里的主体性蕴含着一种主体间关系:我希望自己的朋友也有"好的生活",否则我的"好的生活"是有缺陷的。

哲学家的玄思获得了大量的科学证据。神经科学领域的镜像神经元(mirror neuron)实验发现,在大脑的前运动区和布洛卡区(语言活动的区域),镜像神经系统让个体感觉他人的行为意愿、情绪体验似乎就是自己的,也让个体能通过自己的动作系统感觉和了解到他人行为的价值和意义,[②]这消除了主体性哲学建构出来的封闭的"自我",使得主体间的关系与交流变得容易理解。社会认知神经科学(social cognitive neuroscience)发现,我们的大脑天生就与他人相互连接,同时也指出一个难题:在与思考他人、思考自己相关联的脑区,支持社会思考的神经网络与支持非社会思考的神经网络通常是矛盾的——它们更像是一个"神经跷跷板"的两端,通常,社会认知神经网络打开的程度越高,负责其他非社会思考的一般认知网络关闭的程度也就越高。[③] 也就是说,大脑天生与他人连接的人类,还必须面对支持非社会思考的神经网络的挑战。

马丁·布伯(Martin Buber)充分注意到人的矛盾性,把人与人的相遇表达为两种模式,即"我—你"模式和"我—它"模式。前者是平等交往的主体间关系,"我"显示为人格的我;后者是将对方看成达到某种目的的工具,"我"显示为殊性的我。"我—它"可以演变为"我—你","我—你"也会沦落入"我—它",这是一个交替变化的动态的过程。这样一来,"我—你"相遇形

---

① 利科.作为一个他者的自身[M].佘碧平,译.北京:商务印书馆,2013:255.

② 里佐拉蒂,尼奥利.我看见的你就是我自己[M].孙阳雨,译.北京:北京联合出版公司,2018.

③ 利伯曼.社交天性——人类社交的三大驱动力[M].贾拥民,译.杭州:浙江人民出版社,2016.

成的关系世界并不稳固，跨文化交流依然没有保障。精神病理学家西蒙·巴伦—科恩通过功能性磁共振技术发现了人脑中的特定回路即共情回路，以及由此形成的“共情”和“共情腐蚀”，在一定意义上为马丁·布伯的观点提供了注解。共情使我们理解别人的想法或感受，并用恰当的情绪来回应这些想法和感受，对应于“我—你”模式；共情腐蚀产生于人把其他人当作物品，即交往变成“我—它”模式，共情随之关闭；共情回路则显示共情受到身体状态、激素水平、神经系统状态、基因、腐蚀性情绪、文化约束等复杂因素的影响，表现出“我—你”关系的不确定性。那么，找到影响共情的因素是否意味着可以从精神病理上修复共情？这依然是一个有待探究的问题。

值得庆幸的是，共情回路的发现还是为平等交往的主体间关系提供了可能性。这种可能性是从弗洛伊德开始的，他通过对欧洲上流社会的夫人们的精神分析，发现在“正常”与“病态”之间，不存在种族的差别，所谓文明人一样有潜意识、性本能(libido)，从而击碎了欧洲文明优越论的神话，启发人们以人格平等的姿态进入交往。但弗洛伊德提供的主体间平等交往的可能性是非常脆弱的，因为自我(ego)、本我(id)和超我(super-ego)三者保持平衡才能实现人格正常发展，进而才有平等交流的可能，但这种内在的心理平衡受社会、文化等因素的影响常常表现为不平衡，当自我中的某些东西与自我理想相符合时，总是表现为狂喜的感情，而罪恶感(以及自卑感)也能被理解为自我和自我理想之间的紧张关系的表现。[①] 作为自我理想的“超我”的出现与“认同作用”(identification)密切相关。弗洛伊德认为，认同作用是与对象情感联系的原初形式，它可以随着与某些个别人分享的共同性质产生任何新感觉而出现。[②] 遗憾的是，对性本能的集中探讨使他忽视了交流与沟

---

① 弗洛伊德.弗洛伊德文集 6:自我与本我[M].长春:长春出版社,2004:97.

② 弗洛伊德.弗洛伊德文集 6:自我与本我[M].长春:长春出版社,2004:79.

通的重要性,在他那里,自我是自足的、生理的,而不是互动的、社会的。哈里·沙利文(Harry Stack Sullivan)反思了这一理论缺陷,把“我”的最初人格化分为“好我(good-me)”“坏我(bad-me)”和“非我(not-me)”。“好我”是带给婴儿愉悦与满足的体验,如抚摸、慈爱等;“坏我”则是焦虑不断增长的最初体验,如婴儿一被母亲放下来便开始哭泣;“非我”则来自高度焦虑的体验,围绕着“好我”的诉求,“自我系统(self-system)”开始出现,它诠释了自我的人格化。[①] 源于互动、模仿的“自我意识”似乎可以成为跨文化交往的重要内驱力,但自我以不同形式出现,不同自我之间便注定会产生冲突,而且不同的自我会交替出现,导致行为的反复无常,形成所谓的“人格分裂”。卡伦·霍妮(Karen Horney)将冲突置于人格成长的中心位置,她认为,生活中的冲突不可避免,而解决冲突则赋予我们无穷力量;冲突不仅存在于心灵内部,更来自人际交往,可分为三种基本类型:亲近他人、对抗他人与规避他人。[②] 这样一来,在解决冲突的过程中,主体间的平等交往关系才进入一个真实的情境之中。

可是,处于主体间交往关系之中的人还是面对一个根本性的疑问:人性是互助的,还是自私的?人们一般会首先想到达尔文的“适者生存”,用“丛林法则”想象人类的生存与发展,极易忽略他对人的互助特性的解释。在达尔文看来,利他行为并非人类独有,在高等动物里,最普通的一种互助是大家通过感官知觉的联合为彼此提供危险的警告。[③] 社会性动物会为彼此提供小的服务,会对彼此的苦难或危险表示同情,会“投我以木桃,报之以琼瑶”,这是一种强互惠;为了社群的利益,它们会关注旁人对他的毁誉,从而

---

① 沙利文.精神病学的人际关系理论[M].李维,译.北京:北京大学出版社,2010:99.

② 霍尼.神经症与人的成长[M].李明滨,译.上海:上海译文出版社,2016:208.

③ 达尔文.人类的由来(上)[M].潘光旦,胡寿文,译.北京:商务印书馆,2009:152.

发展出一套道德、礼教，以及良心，这是一种间接的互惠。人具有这种社会性本能，并且拥有得较多些："猿猴们可以帮助本队伍的其他的猿，甚至为它们而死，也随时准备把失去了父母的幼猿抱养成长，但它们不得不承认，对人的那种最崇高的属性，爱及众生，不问亲疏，不计利害，它们却完全不理解。"[①]当然，如果把达尔文的互助论放在"适者生存"所主导的相互竞争语境之中，那还是免不掉一个疑问：人的互助行为在何种意义上成了竞争的辅助性策略？

道金斯的人类基因研究提供了另一种思路，即正因为人类生来自利，才会被教导着慷慨利他，恰恰是这种自私，才是物种进化的动力，也是利他的生物学本质。道金斯延伸了达尔文的思想，将自然选择的基本单位落在基因上，认为个体是一台被基因这一自私分子控制的机器，不断地从事着复制工作。正是基因的复制工作，造就了物种高度群居性的生存状态。沟通(communication)与基因的复制过程密切相关："当一个生存机器对另一个生存机器的行为或神经系统的状态施加影响的时候，前者就在和后者进行沟通。"[②]而传播的目的，是使自身基因获得利益。由此，道金斯将达尔文的"适者生存"发展为"稳定者生存"，正如生物多样性极为丰富的热带雨林比拥有单一物种的森林更容易从毁灭性灾害中恢复过来。在这里，人的文化适应的整合策略又从人类基因中找到解释。

然而，在经济交往中，"亚当·斯密问题"让人困惑不已：《道德情操论》把同情或利他看作人的本性，而《国民财富的性质和原因的研究》(简称《国富论》)则把行为动机归结为利己或自私。博弈论证明，从利己出发的"理性的经济人"本能地怀疑他者，"我－他"双方总是选择"不给对方获得最大利

① 达尔文.人类的由来(上)[M].潘光旦，胡寿文，译.北京：商务印书馆，2009：189.

② 道金斯.自私的基因[M].卢允中，等译.北京：中信出版社，2012：79.

益的机会以保证自己不吃亏”的策略,陷入理性的不合作所导致的“囚徒困境”;而始于德国的“最后通牒”实验表明,个体与个体之间为了就分配达成一致,常常表现出公平、同情、互惠利他等社会偏好。在全球范围内开展“最后通牒”实验的塞缪尔·鲍尔斯(Samuel Bowles)和赫伯特·金迪斯(Herbert Gintis)细致观察了人在经济交往中的互惠性及其演化,认为人类是具有互惠性的合作性物种,其中包含两个命题:人与人的合作并不仅仅出于自利的原因,也出于关心他人福利、维护社会规范的愿望,以及给合乎伦理的行为以正面的价值;由具有合作倾向和维护伦理规范倾向的个体所组成的群体,比起其他群体更加容易生存并扩展。[①] 也就是说,合作的行为是由自利的动机推动的,自私、自利与互助、利他统一于人的交往行为,才能使主体间交往关系成为可能。

当自私、自利与互助、利他统一于人的交往行为时,人才可能成为独立而开放的自我,具有跨文化人格的自我,进而像康德那样面向他者相异性问题:独立思考;站在他者的位置上思考;不违背自己的真实思想。[②] 在这种情况下,每一个人既不把他人仅视为工具,也不把自我仅视为他人的工具,自主并真诚地愿意在互动沟通的过程中追求自由、真实、公平、正义,自主地选择及使用言辞行动,相互质疑言辞内容的真实性或合理性,即可达成有效的沟通。[③] 这种跨文化道德可以归纳为四个原则:对不同文化的人采取自己希望得到的尊敬态度;尽可能准确地描述你所感知的世界;鼓励其他文化的人

---

① 鲍尔斯,金迪斯.合作的物种:人类的互惠性及其演化[M].张弘,译.杭州:浙江大学出版社,2015:1-2.

② SANDKÜLHER H J. Monde Arabe & Monde Occidental: un dialogue philosophique par une approche transculturelle[D].Journée de la Philosophie *à* L'UNESCO, 2003.

③ 哈贝马斯.交往行为理论[M].曹卫东,译.上海:上海人民出版社,2004.

用他们独特的方式表达自己；努力寻找同其他文化的人的共同点。[①] 这样，我们才能像保罗·利科所说的那样，“与他人一起，为了他人，在正义的制度中过‘好的生活’”[②]。

总的来看，一个人不能脱离人与人之间的联系而存在，必须转向基于“我—你”关系的主体间交往，但由于主体间的紧张关系是客观存在的，所以每一个人都面对一个根本的难题，即主体间交往的不确定性及其引发的焦虑。古迪昆斯特（W. B. Gudykunst）把这一问题归纳为消减与陌生人交流的焦虑与不确定性，即交往中的人有着不确定性的上限和底限，上限指人们认为自己能预测他人态度、感觉和行为，并在与他人交往中感到欣慰的最多的不确定的信息量；底限则是人们与他人交往时不会感到乏味或骄矜的最少的不确定的信息量。如果不确定性在底限以下或上限以上，人们就不能有效地交流，进而产生焦虑。与不确定性一样，焦虑亦有上限和底限，上限是人们能承受的最大焦虑阈，同时亦感到交往适意；底限为人们所能忍受的最小焦虑阈，同时仍在意与他人交往而无索然无味之感。若焦虑高于上限，交流的有效程度便大幅降低，人们倾向于以简化方式处理信息，如依赖刻板印象。若焦虑低于底限，交流的积极性就会大大降低。欲保持交流中的积极性，焦虑须低于上限，而高于底限。[③] 这是一个极具复杂性的理论命题，由于适度的焦虑和不确定性对人来说是必要的，人正是以此辨析“我是谁”“我与他者的关系”，因此处于跨文化冲突中的人需要寻求焦虑与非焦虑、确定

---

① KALE D W. Peace as an ethic for intercultural communication[M]//SAMOVAR L A, PORTER R E.Intercultural communication: a reader. 9th ed. Belmont, CA: Wadsworth, 2000:450-455.

② 利科.作为一个他者的自身[M].佘碧平，译.北京：商务印书馆，2013:255.

③ GUDYKUNST W B. Uncertainty and anxiety[M]// KIM Y Y, GUDYKUNST W B. Theories in intercultural communication. Newbury Park, CA: Sage, 1988:213-235.

性与非确定性的动态平衡点。这种由主体间性所调动的交往理性就是跨文化传播。

二、群体间接触的他者化

跨文化传播研究以不同文化背景的人之间的交流作为观察点,这里的人不是抽象的人,而是在各种群体中生活的人。生物学试图证明,聚族群居是动物界进化的本源,群居共生是物种间生存的常态,合群性是一种广泛存在的本能,导引动物和人在互助和互援的事件中获得力量,在群居的生活中获得愉快。① 但聚族群居也不可避免地导致人类的悲剧,如领地欲、等级制和为争夺生存资源而形成的群体间冲突与群体外歧视。

在这种聚族群居的生活中,人习惯于用祖先、宗教、语言、历史、价值、习俗和体制来界定自我。因为这种认同,人从群体中获得力量,也会失去与他者的交流。他者是由认同生产的,所谓认同(identity),又称"同一性"、独一性(uniqueness)和一致性(unity),因此,它生产他者,不断产生排他性力量。这种认同的力量深深地制约了19、20世纪的欧洲思想,种族主义、民族主义、国家社会主义、法西斯主义、基督教原教旨主义等思潮相继出现,并且以某种颇具感染力或感召力的方式,把人们引向非人格的"自我",诸如民族同一性(身份)、种族同一性(身份)、国家同一性(身份)、教派同一性(身份)等。这样的认同偏向于建构文化的本质和文化间的本质差异,不可避免地产生群体间偏见。

任何族群的历史都经历了相似的群体间偏见:从"他者(other)"到"他者化(othering)"。后者即人们通过将负面特点加诸他者(其他群体或其他个

---

① 克鲁泡特金.互助论[M].李平沤,译.上海:商务印书馆,1963:10.

体)而获得自我身份认同的过程,在这一过程中,他者被视为卑微、劣等的对方,自我的满足感与优越感由此得到进一步确立。但他者化的合理性被以资本为导向的社会流动性所打破,德国社会学家西美尔(G. Simmel)通过观察流动社会的互动形式,发现了漫游于文化体系之间的陌生人(stranger),且来自不同文化群体的人彼此之间是陌生人。这些由熟人社会走入陌生人社会的人在与异文化群体的交往中拥有多元文化视角,因而能在交流中以对方的视角看问题,用普遍、客观的方式看问题。这无意中触及了跨文化传播研究的起点:人与陌生人的传播关系生发出群体间接触的基本问题,即种族关系圈、社会距离或陌生度(degree of strangeness)、群体间偏见、文化适应。

19世纪以来,群体间交往面临的最大挑战是进化论预设的他者化逻辑。其一是种族主义的逻辑:由于人自然归属于价值不同的、"进化度"不等的种族,应当以不同的方式对待他们;[①]其二是西方人类学古典进化论的"蒙昧的他者",其典型观点在于,摩尔根(Thomas H. Morgan)将古代社会分为"蒙昧(低级、中级、高级)""野蛮(低级、中级、高级)"与"文明"几个等级,认为东西半球文化所处的阶段显然是不同的,从澳大利亚、波利尼西亚,到美洲的印第安人部落,再到罗马与希腊,刚好符合从中级蒙昧到古代文明的各个阶段。[②] 也就是说,非西方世界是西方世界的早期阶段,是"蒙昧的他者",其存在的意义在于证明西方文化的先进性。但是当观察视角转移到现代人的城市生活之后,他者化的进化逻辑转化为群体间城市生态逻辑,社会学家帕克(R. E. Park)将其表述为"种族关系圈":所有群体都在为获得可利用资源而斗争,不同的群体开始接触后就发生冲突,冲突过后是适应阶段,各群体之

① 塔基耶夫.种族主义源流[M].高凌瀚,译.北京:生活·读书·新知三联书店,2003.

② 摩尔根.古代社会[M].杨东莼,等译.北京:中央编译出版社,2007:11.

间的界限被明确地标示出来，然后进入分离阶段，最后便是同化阶段，下属群体接受了下属群体的方式，最终消失其中。[①] 从不同地方迁移到城市里的人不再被视为进化程度不等的人，而是被他命名为边缘人(marginal man)，即生活在两个不同世界、对两个世界都陌生的人，他们也是“文化混血儿”，是在未完全相融的文化边缘生活的个体。他们从差异性(differency)层面感知社会距离(social distance)，主观地测量自己和他人熟悉或不熟悉的程度，亦客观地观察两人或更多人熟悉或不熟悉的程度。

边缘人所聚焦的跨文化传播问题是，来自不同的文化背景、有不同的观念与信仰的人们在互动的过程中如何说明和理解意义，具体包括：描述特定文化之间传播的性质，揭示文化的异同；基于对文化异同的理解，研究消除人们之间由文化屏障造成的传播差异的途径；最终更好地理解自己的文化，理解文化的创造和分野的进程。[②] 人类学的传播论者无意中为城市边缘人问题提供了新思路，即文化是交映生辉的，文化要解决的不是谁高谁低的问题，而是如何在新环境“落地生根”的适应问题。如果说古典进化主义者强调的是时间的延展，那么传播论者则侧重空间的扩散：通过长途贸易、技术传播、帝国与殖民活动、大规模移民以及动植物与疾病的远距离扩散，人类之网慢慢联结在一起。在传播论者看来，“他者”没有那么落后，并且是可交流的，这种交流往往是间接的，需要触发机制或者沟通的中介。顺着这种思路，文化人类学家雷德菲尔德(R. Redfield)、林顿(R. Linton)和赫斯科维茨(M. J. Herskovits)等人发现了群体间接触过程中的文化适应(acculturation)现象，即由个体所组成，且具有不同文化的两个群体之间，发

① 柯林斯，马科夫斯基.发现社会之旅——西方社会学思想述评[M].李霞，译.北京：中华书局，2006：296.

② GOLDBERG M M. A qualification of the marginal man theory[J]. American sociological review，1941，6(1)：52-58.

生持续的、直接的文化接触，导致一方或双方原有文化模式发生变化。[①] 这种群体间的接触使人感知到外来文化与本文化的差异，并在外来文化的刺激下主动吸收或者被动地接收。可问题是，偏见限制了群体间接触。

对于处于群体间交往中的人来说，差异与偏见如影随形，人们通过比较文化差异来认识群体间交往中的人，但事与愿违的是，文化比较常常是化约的，陷入本质的、抽象的比较，制造更大的偏见。最为典型的就是东方主义话语的比较性偏见：东方是欧洲的病人；东方是被西方男性征服的女人；东方是东方学家的舞台，而东方人是看客；东方是被审判者，西方是法官；东方是儿子，西方是父亲。[②] 这种比较性偏见试图使偏见合理化，从而动摇了跨文化传播的基础。社会学家塞姆纳（W.G. Sumner）提出"内群体/外群体""民族中心主义"，超越本质主义的比较，把比较性偏见还原为一种群体心理。所谓内群体就是个体认同的集合，内群体通过夸耀自己和藐视外部的人来提升自己，个体不假思索地将内集团的价值视为完美的，并自动地运用它们去判断他人以及自己不熟悉的价值与行为，把具有这些价值与行为的人定义为外群体；所谓民族中心主义就是个人判断其他文化比自己民族的文化低等的度，它是人们将自己归属于内群体的结果。这种群体心理或隐或显地以不同形式表现，构成跨文化传播的内在阻力。

对他者的贬抑与恐惧筑起群体间交流的"墙"，那么，每个人走出心理上的这堵"墙"，走进群体间接触，是否可以减少偏见呢？1954 年，美国心理学家奥尔波特（Gordon Allport）在《偏见的本质》一书中提出了群体间接触（intergroup contact）的概念。他探寻了社会主导群体与少数群体间的接触可

---

① REDFIELD R, LINTON R, MELVILLE J H. Outline for the study of acculturation[J]. American anthropologist, 1936, 38(1): 149-152.

② 萨义德.东方学[M].王宇根，译.北京：生活·读书·新知三联书店，1999.

以减少偏见的基本条件，即交往双方处在平等地位上、寻求共同目标与团体之间的合作，且依托于社会、制度、习俗与法律等的支持。这些条件有赖于宽容人格(tolerant personality)，持这种人格的人善于处理内心的冲突与社会交往，可以从内心汲取力量，更加平和地面对自我与他者。但不幸的是，与之相对的“偏见人格”(prejudiced personality)或“专制人格”(authoritarian personality)阻碍了群体间交流，持这种人格的人长期处在压抑之中，他们既疏远自身，又渴望远离外部世界，因而用非黑即白、将冲突外化等功能性偏见(functional prejudice)来进行自我保护。① 这使得问题更进一步：“偏见人格”或“专制人格”是否会在社会主导群体与少数群体间的接触中发生改变？

少数群体与社会主导群体的关系设定来源于移民、难民与主社会群体的交往问题，单向同化曾经是移民、难民的主要选择。从 1971 年开始，加拿大、澳大利亚、新西兰、荷兰等国先后推行多元文化政策，明确宣称不主张同化，不主张消除文化差异，所有人都能在一个团结统一的国家中和平共处，在保持本族文化的前提下彼此共享文化特色和价值观，这意味着移民、难民获得了与主社会群体平等的条件。心理学家约翰·贝利(John W. Berry)重拾人类学的文化适应(acculturaion)概念，使之延伸到群体间接触的心理层面的适应(情绪稳定性、社会工作、文化移情)、对多样性的接受程度(开放性、灵活性)和社会交往能力(寄宿经历、语言能力)。根据他在 1997 年提出的文化适应双维度模型，当主导群体施行熔炉(melting pot)策略时，非主导群体通常会采取同化(assimilation)策略；当主导群体施行种族隔离(segregation)政策时，非主导群体通常会采取分离(separation)策略；当主导群体排外(exclusion)时，非主导群体通常会边缘化(marginalization)；当主导群

---

① ALLPORT G W. The nature of prejudice[M]. 25th anniversary edition. New York: Perseus Publishing, 1979: 441.

体实行文化多元主义(multiculturalism)策略时,非主导群体通常会采取整合(integration)策略。也就是说,原来的单向同化转向单向适应,即非主导群体对主导群体的适应,同化策略会导致陌生的消除甚至他者的消失,分离和边缘化策略都会伴随偏见与他者化,而整合策略则有待超越他者化,以及在形成新的文化群体之后的"再他者化"。

为多元文化主义设定一个"整合"的美好结局,认为每一个人会更加愿意和异文化人群交往,会抱着积极或者互惠的心态与异文化者交往,从而实现文化间整合,这其实是一种脱离交往实践的想象。实际上,多元文化主义为群体间接触清晰地呈现了多维度的社会差异,如权力距离、不确定性避免、个体主义与集体主义、男性度与女性度、长时导向与短时导向。这些社会差异依然保留了生产偏见的可能性与转化为"他者化"的可能性。

与此同时,群体间接触还面临"面子协商"(face-negotiation)[①]的难题:每一种文化群体的成员都会为了他们想要拥有的面子,而与外群体成员互动、协商,但从自我面子出发定义他者,必定会产生话语偏见;要想进入与他者的面子协商,只有交互体验他者的面子,但交互式体验并不能保证形成共同面子。

在一个由权力竞争所主导的结构性社会中,与主流群体相对的是共文化群体,即被视为附属的、劣势的、少数的、非主流的、亚文化的、缄默的群体,可以说,群体间接触脱离不了主流群体与共文化群体之间的权力竞争关系。共文化群体成员会基于某种具体的经验领域,以他们所偏好的结果和传播方式与主流群体成员进行策略性交流,在某种具体的情境中反抗支配

① TING-TOOMEY S. Intercultural conflict styles: a face-negotiation theory[M]//Kim Y Y,GUDYKUNST W. Theories in intercultural communication. Newbury Park, Calif.: Sage,1988:213-237.

性权力,与那些企图使他们沉默的主流社会结构之中的人进行协商。因此,从根本意义上讲,群体间跨文化关系是由群体间的权力竞争关系生产的,并不存在被多元文化主义安排好的群体间跨文化关系。正因为如此,群体间接触才有多样的可能性。

三、语言间交流的差异化

一方面,人在交流与沟通方面与生俱来的潜能与欲望,使得语言被发明,语言不仅在表达复杂与抽象内容方面超越了非语言符号,而且使部落间(intertribal)与文化间(intercultural)交流与沟通成为可能。[①] 另一方面,语言是人类精神的创造活动,是人类精神以不同方式、不同程度自我显示的结果,每一种语言都在它所隶属的民族周围设下一道樊篱,由此呈现的人类语言结构差异把人束缚在语言之中。[②] 因此,当一个人像维特根斯坦那样体验到"我的语言的边界就是我的世界的边界",就意味着他既把语言作为主要的身份认同内容,又成为语言的囚徒,难以实现语言间的交流。这是跨文化传播难以回避的难题。

沃尔夫(Benjamin Lee Whorf)在20世纪30年代开始研究美洲本土语言,特别是中美洲语言,提出了著名的语言相对论假说(也称作Sapir-Whorf hypothesis或Whorf hypothesis)。该假说认为人们是透过语言所构造的心理范畴来观察和理解世界的,语言的结构影响着人们理解世界的方式,或者说,语言的不同导致了文化的不同;而对语言惯常的、规则化的使用就形成

---

① 单波.跨文化传播的问题与可能性[M].武汉:武汉大学出版社,2010:29.

② 姚小平.洪堡特——人文研究和语言研究[M].北京:外语教学与研究出版社,1995:135-136.

了该文化特定的思维模式，语言塑造着思维。[①] 根据这种假设，文化以其独特的方式把语言和各种现实联系起来，这种联系可能是关于人类文化差异的主要信息来源之一。与此同时，这些说着不同语言的人又同乔姆斯基(Noam Chomsky)所说的“语言官能”具有矛盾性，一方面，“语言官能”赋予人认知世界的巨大能量和能力，使人用一种逻辑结构来观察、认知和理解世界，于是，人才有无限认识世界的可能性，才有属于自己的创造性和综合判断；另一方面，人的认知能力受限于人的“语言官能”及其提供的语言程式。[②] 如此说来，语言差异与“语言官能”的矛盾性似乎注定使人迷失在语言的世界里。

语言差异带来了可译性难题，翻译学家为此苦恼不已。以“communication”在亚洲各语言中的可译性为例，除了印地语可以找到相同词汇之外，锡兰语、汉语、印尼语只能找到大致与之相同的词汇，用孟加拉语、菲律宾语、日语翻译后的词汇与英文内涵不同。[③] 而就一个单一的叙事而言，似乎永远只能在单一的文化语境下行使其功能、获取其意义，翻译只能使单一叙事以不同的功能在多种文化之间扩散，在扩散过程中，人们不得不忍受意义的丢失或误解。但是，翻译学家看到了语言间的语言交际现象，即语言交际产生于社会场合，如果从抽象的语言中回到特定的社会语境并加以分析，就可以揭示语言参与者和语言的关系、话语参与者作为特定语言群体相互之间的关系，以及把信息源发送者和信息接受者串联起来的方式，[④]以此理解语言

---

① WHORF B L. Science and linguistics[J]. Technology review, 1940(42): 229-231, 247-248.

② CHOMSKY N. Knowledge of language: its nature, origin, and use[M].北京:外语教学与研究出版社,2002:前言,37,39.

③ 关世杰.跨文化交流学[M].北京:北京大学出版社,1995:240.

④ NIDA E A, TABER C. Science of translation[J].Language, 1969(45):483-498.

间的意义交换,消解语言间意义的丢失或误解。

翻译家似乎又忽略了另外一个语言交际现象:意义表达又依赖着对“差异”的感知,因为“差异”是意义的根本,没有它,意义就不存在;意义是在对话中通过参与者之间的“差异”而显示出来的。同时,人们对“差异”的感知又极具危险性,可以形成各种消极的情感、社会文化分裂以及对“他者”的敌意和侵犯。[①] 此时,语言差异就转变为语言间的差异化,成为意义理解的阻隔。如果特定语言的文化偏好沉淀到人的表达习惯中,成为“制造共识”的潜在力量,那么共识之间的差异就会被抽象为比较性的刻板印象。比如研究者曾经根据使用第一人称单数代词的比率来断定,汉语比率最低表明华人的个人主义偏低,而英国英语和美国英语比率最高表明英美具有个人主义文化特性。而实际上,随着时间的推移,除英国英语外,其他语言中的第一人称单数代词的使用都增加了。[②] 但如果根据第一人称单数代词的使用情况判断,个人主义呈现全球上升趋势,并且跨语言的个人主义水平之间的差异也在缩小,那就意味着人们依然没有摆脱比较性的刻板印象。

人类学家在语言差异中看见文化差异,并体验到文化多样性,得出语言标示着人的文化身份的结论。在事关身份认同时,人非常矛盾地存在于语言的世界里:如果坚守语言的城堡,人们就获得了一种认同的力量,但同时意味着失去跨文化交流的能力,失去创新文化身份、建构跨文化身份的能力。如果走出语言的城堡,向其他语言群体流动,人们就会成为边缘人、族裔散居者,就有可能丢失“文化的根”。这种矛盾性隐含着一种担心:以语言为基础的群体之间的权力和资源(物质的和非物质的)的不平等分配合法

---

① 霍尔.表征——文化表象与意指实践[M].徐亮,陆兴华,译.北京:商务印书馆,2003:236-238.

② YU F, PENG T, PENG K, et al. Cultural value shifting in pronoun use[J].Journal of cross-cultural psychology, 2016, 47(2): 310-316.

化、有效化和再生化。[①] 即在全球范围内，说英语的人享有更多的权力和资源；在一个语言区域内，说标准口音的人比地方口音重的人享有更多的权力和资源，地方口音重的人因被认为社会身份更低而成为调侃对象。有关春晚小品节目口音中的文化身份建构研究表明，口音的固化模式已清晰形成，标准普通话的使用者对自己身上的权威性和中立调停者的形象更加深信不疑，而南北口音的使用固化了人们对特定群体的认识，加剧了中国的地域歧视；不同群体之间的身份出现不平衡，人们更加期望离开地位较低的群体，[②]由此构成对文化多样性的负面影响。

可是，人们一边感受语言的差异化带来的难以承受之重，一边又通过言语代码建构身份关系，制造某种权力关系。从日常谈话来看，每个文化都有着自己的言语代码（speech code），即历史上制定和社会中建构的与传播行为相关的说话方式、意义、前提和规则体系；这些代码揭示出该文化中自我、社会的策略性行为的结构层次。[③] 在美国芝加哥南部的“卡车司机之村”（Teamster Ville）这个工人阶级语言社区，人的身份在谈话方式中显现，人们采取不同的谈话方式对待不同身份的人。比如在该语言社区，普通成年男子相互之间多通过谈话来进行沟通、理解与说服，因为他们地位相近；对于那些地位低于他们的人，如妇女、孩子以及一些从贫困地区来的经济地位不如他们的人，他们则较少采用谈话方式交流，而是更多地通过一些动作之类的非语言传播方式来传递信息或命令；对于那些地位高于他们的人，如自己的上司或从一些富裕地区来的经济地位高的人，他们也同样很少直接通过谈话来交流，

---

① KRAMSCH C. Language and culture[M].上海：上海外语教育出版社，2000：76.

② 纪莉，吴逸悠.春晚小品节目口音中的文化身份建构[M]//单波，肖珺.文化冲突与跨文化传播.北京：社会科学文献出版社，2015：229-240.

③ PHILIPSEN G. Speaking culturally: explorations in social communication[M]. Albany: SUNY Press，1992：27.

较多的是通过第三者来传递相关的信息。[①] 在这里,身份决定着话语策略,话语策略又体现出人与人之间的身份关系。随着文化间权力关系的非平衡的加剧,话语倾斜和话语缺失就成为一个无法回避的交流问题。

在日常交流中,语言的差异化直接引发"话不投机"的疏离感和受语言宰制的异化感,群体间语言偏见(linguistic intergroup bias)理论深刻地揭示了人的这种处境。在群体间交往的语境下,预设观念影响着人的语言表达,也蕴含在语言之中,而语言策略又为建构权力关系服务。当遇到与关涉内-外群体的预设观念不一致的信息时,语言的使用体现着刻板印象的痕迹。当描述一个内群体成员的积极行为或外群体成员的消极行为时,人们往往使用更为抽象的语言;而当提起内群体成员的消极行为或外群体成员的积极行为时,人们则使用更加具体的语言。[②] 其语言玄机在于:抽象的语言描写着从具体的可观察到的行为中高度抽象出来的性情和持久的状态,暗含与刻板印象匹配的意义或导向刻板印象的意义;具体语言描述着具体的、可观察到的、有始有终的行为,表达的是具体情境之中的特定行为,具有不可归纳性和偶然性。它揭示出这样的事实:既存的群体间偏见致使语言策略偏见化,而语言策略的使用又维系着既存的偏见。

人如果长期为群体间语言偏见所困扰,就会产生社会学意义上的异化(alienation),它代表一种疏离感,使人觉得自己与他人沟通时力不从心。社会心理学研究表明,少数族群的异化同时涉及少数族群和多数族群的语境,异化所造成的文化疏离感使个人排斥族群普遍持有的价值观,少数族群对

---

① 单波.跨文化传播的问题与可能性[M].武汉:武汉大学出版社,2010:152.

② MAASS A, SALVI D, ARCURI A, et al. Language use in intergroup contexts: the linguistic intergroup bias[J]. Journal of personality and social psychology, 1989(57): 981-993.

主流社会的疏离感意味着其成员认为自己不是社会的一部分,受到了种族歧视,不管他们如何努力都永远不会融入社会,他们认为自己在价值观上与多数族群截然不同、不能调和。有关这一现象的研究表明,少数族群的看法受到有偏见的媒体报道的强烈影响,间接地导致了日益严重的少数族群的异化,媒介在一定程度上造成少数族群的敌对性感知。①

对人类来说,真正可怕的不是语言差异,而是某一种语言凌驾于其他的语言之上。语言霸权扼杀了人们乐于表达自己并希望被别人听见的话语权力,而且还会让语言权力关系的"绳索"捆住语言间交流,使人不能关注他人的话语权力,不去熟悉他人的言语代码,听不到他人的声音,找不到群体间的共同话语。因此,尊重话语权力,是我们寻找语言间交流的最终出路。

四、文化间的权力支配关系

是静态地看待文化,还是动态地看待文化?是固化文化的边界以强化文化特性,还是还原文化边界的模糊性、交叉性与复杂性,在跨文化关系中发展文化?一部分研究者选择了后者,并因此转向跨文化传播领域。

在大部分文化定义之中,我们可以看见人们为文化划界的偏向,但跨文化传播研究发出的疑问是:如果文化仅仅是植入心灵的精神芯片,那么我们为何能适应新环境并发展自己?如果文化是封闭的、静态的,那么区隔化的人类是如何走向全球化的?

人们生活于其中的文化的确是有边界的,并且主要由族群、语言、性别、地域、年龄、阶级、宗教所界定。人不由自主地认同某种文化边界以寻求对

① TSFATI Y. Hostile media perceptions, presumed media influence and minority alienation: the case of Arabs in Israel[J].Journal of communication, 2007(57):632-651.

于“我是谁”的确定性表达,但自由本性使人倍感文化认同所带来的定型化、标签化的压抑,试图通过跨文化交流实现自由交流,走向个人身份、群体身份和跨群体身份的三位一体的交流空间。文化适应的过程表明,移民、旅居者或者商人成功融入一个新的文化环境建立“跨文化身份”(intercultural identity),用来标识个体超越自身原有文化、适应一种新的文化,并在这一过程中获得对两种文化的另类见解。

人为什么会划定自己的文化边界又常常跨越自己的文化边界?根本原因在于,交往中的人要以文化方式而存在,在文化差异中保持自己的存在感,即保持自己的语言、历史、习俗、仪式、价值记忆,同时也要保持自己的文化选择自由,即选择特定的文化认同或不认同的自由,认同多个文化的自由,认同某些文化的某些部分而不认同另一些部分的自由,从而表现自己的文化精神。用一句套话来讲,选择若不自由,则差异亦无意义。

正因为这样,交往中的人同时具有差异权和选择权,这对应于文化适应的两个维度,即保持传统文化身份、选择与其他文化群体交流。两个权利的非平衡性造成了跨文化传播的难题:偏向于差异权,则容易强化自我文化的同一性而排斥他者;偏向于选择权,则文化的多样性与统一性失去平衡。跨文化传播由此把关于文化多样性的生态学想象转变为平衡差异权和选择权的实践,既保持文化差异和平等竞争的权利,又维护文化互动交流、自由创造的权利。

文化多样性在人类历史进程中表现为网络化形态以及网络化的权力关系。历史学家麦克尼尔父子(John R. McNeill & William H. McNeill)发现,相互交往的网络塑造了人类历史。从弓与箭在世界大部分地区的传播,他们推测出距今 12,000 年左右人类交往的第一个松散的世界性网络,而农业文明又催生出各种紧密的地方性和地域性交往网络,都市网络则成为这种紧密交往的明证;500多年前打通的海路成为世界交往网络的标志,160多年前电报技术又进一步使得人类交往进入全球化时代。[①] 在这种交往史观下,世界历史不再是单一的文明史以及孤立的文明的发展史,而是各种文明之间、文化之间的相互交流、相互作用的历史,体现人类交往、合作与竞争的整体历史。这种网络化的历史总是为权力支配关系所困扰,"地方"仰赖于语言、文字、符号、信息交流等活动得以形成,地方与地方通过交往发生联系,某些地方的力量扩张形成全球交往,地方共同体以迎合或抵抗的方式书写自己的历史。无法否认的是,交往网络让我们一直生活在一个合作与竞争的交往漩涡之中。交往使人凝聚,维系合作,将自身技能专业化,劳动分工细化,使社会更加分层化、非公平化;同时,网络也带有敌意竞争和对抗纷争的"副作用",信息的分享有时候是依靠威胁和掠夺来完成的。因此,在不同层级的大小网络之间便存在着不可调和的冲突与矛盾。更可怕的是,由于某些地方的力量扩张形成全球交往,"世界"的数量逐渐从几十万个相应递减,范围迅速扩张,彼此交织的联系越来越密切,直到连为一个整体的"地球村"。

为了克服文化间的权力支配关系,重返文化间的竞争与融合实践,人类建立了各种接触区(contact zones),即地理和历史都分隔的人们彼此接触对方的一个空间,使得不同文化背景的人在此相交。[②] 处于这个接触区的人最重要的特征就是在一段时间内进入文化上的"迁徙"。在中国,最为典型的跨文化交流的接触区是曾经作为东西方交通十字路口的敦煌,文化因接触而产生融合,形成敦煌文化的三部分内容:以儒、道、汉化佛教为主的汉文

---

① R.麦克尼尔,H. 麦克尼尔.人类之网:鸟瞰世界历史[M].王晋新,译.北京:北京大学出版社,2011:2-6.

② PRATT M L. Imperial eyes: travel writing and transculturation [M]. London: Routledge, 1992.

化；混居在敦煌和西域地区的汉族、吐蕃、回鹘、粟特、于阗与当地民族的融合文化；印度、中亚及西亚地区的移民与当地民族汇聚而成的“嫁接”文化。[①]而在丝绸之路这个大的接触区，不同宗教也形成适应性关系，即外来宗教对本土文化的适应、本土信仰对外来因素的适应以及不同外来宗教之间的适应。自1492年哥伦布开辟新航道之后，世界贸易通道开始偏离丝绸之路，逐步陷入疯狂的掠夺之中，进化论、种族主义、殖民主义与资本扩张相互呼应，原有的跨文化基础被逐步消解，全球化时代的人们重新面对文化间的权力支配关系。

这种权力由“接合”构成，即通过连接众多不同的领域，通过一种用协商、妥协，有时用策略性退却战术达成共识的方式来巩固权力的弥合过程，进而取得权力的最大化效果。那么，这是否意味着文化间的竞争性与互惠性失去可能，只剩下“权力间”的冲突？根据斯图尔特·霍尔(S. Hall)的说法，“构连”(articulation)就是人“可以”在一定条件下，将两个不同的元素联结成一个统合体的接合形式，这种接合的扣环并不是被决定的、绝对的、本质的；一个话语的“统合体”实际上是不同的、相异的元素的构连，这些元素可以经过不同的方式重新构连，因为这些元素并无绝对的归属。[②]这样一来，我们的文化身份不是先在的给予，而是在文化竞争中构连的；构连有可能使主流文化成为共同分享的意义，但是主流文化不能预定构连的效果，因为人们随时可以解开与之相连的“环扣”。

文化间的竞争性和互惠性紧密相连，隐含在文化间的网络关系之中。考古发现一直在证明：人类的历史是一个不同人群和文化之间相互影响、交

---

① 张广达.唐代的中外文化汇聚和晚清的中西文化冲突[M]//张广达.文本、图像与文化流传.南宁：广西师范大学出版社，2008：98-99.

② 唐维敏.文化研究：霍尔访谈录[M].台北：台湾远流出版公司，1998.唐维敏在此把“articulation”译为“接合”。还有译者译为“链接”。

流接触的过程，这一过程隐含历史的“网络化思维”，每一个地方的文化系统都是网络，并且在与其他网络系统的互动中连成更大的网络。而所有的网络都包含着合作与竞争两种属性，合作使人凝聚，使文化之间发生互惠性关系，竞争则生产文化间的敌意、冲突与矛盾，力量均衡的竞争在一定意义上维持了文化的多样性。人类学的传播论者也试图证明，地理位置分割开的不同文化可能会由于人对物质和富裕生活的需求而开始互动，而每一种文化都是互动性的存在，表现出三种普遍的互动特点：人像其他生物一样，按照某种方式与环境发生互动以维持生存；人与他人的互动是其生活在集体中的一种功能；一定的社会文化结构表现为人按照某种方式互动。

文化间的竞争性和互惠性还表现在文化与传播的同构关系之中：文化就是按照某种方式互动和创造某种互动的方式，而传播是创造、修改和转变一个共享文化的过程。[①] 文化主要指那些既存在于人的行为中，又存在于人的精神和物质产品中的构想、信念、观念和世界观所组成的一个基本信息系统，它包含着语言与非语言互动形式。按照爱德华·霍尔的“文化之图”[②]来表述，文化的基本信息系统包含着十种独立的人的活动：互动、联合、生存、两性、领域、时空、学习、消遣、防卫、利用。其中，互动是文化领域的核心，是万物的根源；联合是集体化的互动形式，时空是发生互动的范围；其余则是专门的互动形式，[③]精神价值则运行其间。在这里，文化不是关于普遍人性的某种宏大的、一贯的叙述，而是多样性的特定生活方式，每一种都有自己独特的发展规律。这种独特的发展规律不是通过某种先验的本质去理解，而是通过互动去感知。

---

① 单波.跨文化传播的问题与可能性[M].武汉：武汉大学出版社，2010.

② 霍尔.沉默的语言[M].刘建荣，译.上海：上海人民出版社，1991:209-211.

③ 霍尔.沉默的语言[M].刘建荣，译.上海：上海人民出版社，1991:41.

文化间的竞争性与互惠性显现在个体的“跨文化敏感”(intercultural sensitivity)之中。一般说来,个人在应对跨文化差异时获得融合视角的过程可分为六个阶段,即否认(在早期“种族中心主义”阶段没认识到差异)、防御(承认差异,但认为一种文化比另一种优越)、最小化(采取表面的普遍主义把差异估计得最小)、接受(在后来的“种族相对主义”阶段,以一种简化的相对主义的方式接受了差异)、适应(个人能够以其他文化作为参考框架)、融合(个人采用了双文化的视角,利用多种文化框架为参照)。① 否认和防御阶段显现出文化间的非互动性竞争,或缺少差异比较,或先验地确立文化优越感;最小化和接受阶段则开始进入有限的互动性竞争,建立基于差异的平等关系;到了适应阶段,进入反观自我文化的互动性竞争;而融合阶段则显现为文化间的互惠性,这种互惠性有可能创造性地生成新的文化形式,此时,处于交往关系中的人趋向跨文化人格,不再以文化中心主义的口吻说自己的文化是最好的,或以文化相对主义的方式说每种文化都一样棒,而是产生一个不同的、更好的文化观。② 其理论逻辑在于,融合并不是一种价值观完全取代另一种,也不是把两种文化并置调和,它伴随着对两种文化的批评;融合并不是单向适应,而是一个相互改变的过程,在这个适应过程中,跨文化交流者不可避免地遭遇价值观念的失范现象,因为指导他们行为的规范还需要在对话的过程中被创造出来。不可预测的失范现象会表现为跨文化交流者的自我异化(alienation),他们将体验一种疏离感,觉得自己对与人沟通无能为力,认为自己是陌生人、局外人,没有归属感,脱离于多元文化认

---

① BENNETT M J. Toward ethniclativism: a developmental model of intercultural sensitivity[M]//PAIGE R M. Education for the intercultural experience. Maine: Intercultural Press Inc.,1993: 21- 71.

② EVANOFF R. Integration in intercultural ethics[J].International journal of intercultural relations, 2006,30(4):421-437.

同。就像身份协商理论所证明的那样，那些认为自己身份被长期误解或受到挑战的人在交流时会与交流地文化和语言保持分离状态，并且变得更不愿参与跨族群传播。[①]

但是，一个人并不能因此而逃避交流，只能通过交流治疗交流的问题，只有在与他人的互动中才能把陌生的变为熟悉的，进而把自己从自我异化中解救出来。在与他人的互动之中，个体可以体悟到巴赫金所说的"视野剩余"，即每个自我在观察自己时都会存在一个盲区，就如同我们不可能看见自己的脸和后背一样，所谓独特的个体视野即每个个体都拥有的"视野剩余"，但是这个盲区却可以被他者所看见。"视野剩余"可以在社会互动中得到补充。[②] 个体只有把自己融入一个主体间共同承担的生活世界，才能摆脱自我异化。于是，人不得不选择跨文化对话，而跨文化对话是一种抵抗文化间权力支配关系的实践，其前提是破除民族中心主义以及区隔化的多元文化主义。不仅如此，跨文化对话还会面对一种新的冲突，即混杂性力量和同质性力量的持续冲突。混杂性(hybridization)指向一种既非内在文化又非外在文化的情境，是一种处在边界线上的第三空间。其间有着不同道德伦理的人们可以积极建构他们的共同基础，批判现存的规范，形成新的规范，即创造出协同的"第三文化"(third culture)。混杂性存在于反殖民反霸权的斗争过程之中，到今天成为颠覆文化权力的后现代主义文化实践，同时，它还是一种反文化同质性和独立性假设的交流方式，强调文化混合与创造。在感知文化混合(culture mixing)时，通常会产生两种直接反应机制，即排斥

---

① TING-TOOMY S. Identity negotiation theory: crossing cultural bounderies[M]// GUDYKUNST W. Theorizing about intercultural communication. Thousand Oaks, CA: SAGE, 2005:211-234.

② 巴赫金.陀思妥耶夫斯基诗学问题[M].白春仁，顾亚铃，译.北京：生活·读书·新知三联书店，1988:344.

性反应（exclusionary reaction）与整合性反应（integrative reaction）。在跨文化心理学家看来，排斥性反应是一种基于感知文化威胁语境，保卫原有文化完整性的情感式、自反性反应；整合性反应则是个体努力通过认知来调和文化差异的反射性心理过程。[①] 当文化混合以“全球本土化”（glocalized）的混合产品形态流行时，混杂性力量便与同质性力量合而为一了。

如此一来，文化间的权力支配关系不断被跨文化传播实践再生产，跨文化传播研究的问题也因此处于不断更新的过程之中。

① CHIU C-Y，MALLORIE L，KEH H T，et al. Perceptions of culture in multicultural space：joint presentation of images from two cultures increases in-group attribution of culture-typical characteristics[J]. Journal of cross-cultural psychology，2009，40：282-300.

多元主义与跨文化传播

◈［美］克里福德·G.克里斯琴斯*

我们致力于在最严格的条件下探讨"一带一路"时代的多元主义问题。对于齐格蒙特·鲍曼(2005)来说,流动的现代性是不稳定的,今天的网络社会包含着永恒的不确定性。习俗与惯例被迅速地终结,但我们并不知道用何种技能来重新开始。格兰特·基恩在《全球技术》一书中提到,今天的赛博空间将历史压缩成瞬间,并摆脱了空间的限制,因此我们的"自我可以被平等地描述为无处不在而从不缺席的存在"(2009:141)。由于日新月异的新媒体技术的移动性特质,多元主义的条件遭到破坏:"我们需要时间结构和距离感来避免自我中心论,并将我们自己理解为世界的附属品。"(Kien,

* 作者克利福德·G.克里斯琴斯(Clifford G. Christians),美国伊利诺伊大学香槟·厄伯纳分校(University of Illinois at Urbana-Champaign, USA)传播学研究教授。译者张洋。

2009:125,对海德格尔的概括)费德勒·瓦尔沃指出,具有讽刺意味的是,海量的赛博技术“由于其全球动员的目标”,在实际上“拒绝或最小化了地方人口及其寻求与众不同的抗争的重要性”(Breslow&Mousoutzanis,2012:viii)。对于哈里斯·布莱斯洛和阿里斯·莫桑赞尼斯而言,互联网将个体从那些围绕跨越地方和国家边界的单一议题而“支持不断重组群体”的家庭基础经验中移除(2012:104)。跨越各种地形的数字网络意味着在过渡的“接触点”处的流动性,因此意味着“人们群体的身份不可避免地丧失”(2012:xvi)。

一、哲学的“一与多”问题

正如我们用多元主义来理论化跨文化传播,全球化和族群性的融合是当今非同寻常的挑战。为了使多元文化主义、多元主义和跨文化传播成为同一家族,我们需要在全球范围内重新定位种族性。“一”与“多”这个持久的哲学问题以激烈且不可避免的方式成为关键。在我们可以建设性地向前推进跨文化多元主义的理论化之前,我们需要直面“一”与“多”的问题并从中学习。

世界究竟是一元的还是多元的,是最古老的哲学问题之一(克里斯琴斯,2008)。在人类观察世界的多种方式背后,是否存在潜在的统一?或者事物是否真的像外表所呈现的那样富有变化?在这个难题中,是“一”主宰着“多”,还是双方都被另一方所吸收?“多”的扩散是否破坏了其特殊性?具体是否祛除了任何普遍化的意义?“一”与“多”之间关系的逻辑规定,一个范畴必须从另一个范畴中提炼出来,或者双方都是可以被任意处理的。“一”与“多”的问题在东方哲学中有着悠久的传统,印度教吠陀在公元前8

世纪就讨论了它的构成。在《吠陀经》中，真理是“一”，但有许多称谓。例如，“神”和“佛陀”只是指向同一终极现实的不同标志名称。在接下来的几个世纪里，印度的《奥义书》激烈地论辩了“一”与“多”，但在问题的两个方面都未取得共识。在东亚，新儒家程颢和程颐认为，宇宙有一个基本的模式：“理”。世间万物都有自己的“理”，但同时也包含着所有其他事物的“理”。直到现在，儒家传统中的许多成分都来源于这场争论。

在公元前6世纪末，希腊民主主义者最早在“一”与“多”的问题上取得突破。巴门尼德是争论中唯一性一方的经典捍卫者，但他最终得出的结论是，如果唯一性是真的，那么一切都必须是静止不变的。这与常识相矛盾。巴门尼德的对手赫拉克利特是最早捍卫“多”的人，他指出即使在日常生活中我们也不会两次踏入同一条河流。柏拉图在《理想国》中，与巴门尼德一道讨论“一”与“多”的解决方案。在柏拉图式的实在论中，普遍性不依赖于事物而存在。亚里士多德赞同实在论，但他认为普遍性存在于事物之中而非独立于事物之外，与柏拉图存在着分歧。

5世纪后期罗马的波伊提乌斯将亚里士多德的逻辑学著作翻译到西拉丁世界。怀着柏拉图式的同情心，他将“一”与“多”问题整理为唯名论的普遍性。属和种是真的存在，还是仅能在观念中被发现？在直到奥卡姆的威廉的一千年间，一些唯名论的版本确立了中世纪的辩论，即普遍性只能形成于观念中。作为替代方案的实在论认为，物质对象和理论属性不仅仅是我们观念中的经验内容。对于实在论者来说，普遍性并不能简化为那些令普遍性成立的具体事物。但如果真实的物体超越了经验，那么关于现实的知识又是如何成为可能的呢？

随着“一”与“多”的辩论被全球各地的思想家转换成唯名论和相对主义的二分法，这场哲学辩论继续反映着这种二元论的不同方面，但并没有从根本上重新认识它。在哲学层面,“一”与“多”的困境仍然没有得到解决;在社会学层面,种族认同在我们的全球时代仍是不可动摇的。与此同时,尽管我们需要用理性准则的概念资源来推动学术研究打破唯名论/相对主义的僵局,但这种准则的观念早已在内部崩溃。

“一”与“多”的问题已经产生了一些重要的概念工作,但仍然是一个谜团。对我们来说,“一”与“多”的困境不需要破解,但是对这场辩论的理解是不可替代的。对它的无知会导向缺少说服力的结论。了解其更广泛的思想史背景为理论建构提供了概念。从“一”与“多”、东方与西方的历史可以推断出三条对于在哲学上理解多元主义特别重要的原则。

第一,坚持普遍性,但需要重新界定其特征。争论的“一”的一方最具有解释力。“一”先于“多”的解决方案最经得起批评。也就是说,即使每一支花、每一条狗都是独一无二的,它们仍然可以被描述成一个个术语:花和狗。世界上有76亿人,但有一个术语准确地标记了他们:人类/智人。如果缺少普遍化,人类就无法运作。

第二,系统而严谨地解释“多”,但避免相对主义。跨文化传播坚持多样性和民族认同,但这种坚持本身并不意味着多元主义。如果“一”与“多”被简化为多样性,那么结果就是分裂,而不是文化的多元主义。

第三,以如下范式对知识生产进行理论化:以准则化的非暴力为道德哲学,以文化连续性为标准价值,以对话交往进行勾连。

二、抽象一元论与人文普遍性

我们发展多元主义的三层理论的首要任务是从抽象一元论中释放出“一”来,即与唯名论者所认为的普遍只存在于心灵之中的谬误相对立。

“一”不能被理解为道德绝对，或是理解为一种用由人类理性所确定的内容对全体理性创造物的行为进行约束的系统。当我们提倡将普遍原则作为多元主义的组成部分时，它们必须明确地和绝对地区别于道德绝对。绝对主义伦理的一个正当性来源是理性的要求。伦理理性主义一直是西方传播伦理的主流范式，这是启蒙思想的奠基人笛卡尔所推动的单边模式。笛卡尔坚持起点的非连续性，起点的语境被认为是无关紧要的。他的《沉思II》(1641)推定了明确而独特的观点：客观和中立。在他的《谈谈方法》(1637)提到的客观主义中，真正的知识是以线性的方式建立起来的，纯粹的数学不受环境和条件的影响。2加2等于4的等式是清晰和可测的，而所有其他形式的知识都是短暂的。当科学获得对真理的控制时，塑造工具主义特征的事实与价值分离就遗留在西方人的思想中。

伊曼努尔·康德的理性主义是这种绝对主义的显著形式。在《纯粹理性批判》(1781)和《道德形而上学奠基》(1785)中，康德将伦理学整合到笛卡尔逻辑里。道德绝对被以理性推论的方式区分为有效的和无效的。所有关于道德义务的合法性所主张的真实性都是通过正式地检视其逻辑结构来解决的。伦理原则对于每个国家、每个时代和每种文化的思想主体来说都是相同的。道德理解是规范主义和绝对主义的。在脱离情境限定的理性中，道德原则源于无实体理性的基本结构。在这个数学版本的普遍性中，线性抽象的布局类似于地球上经度和纬度的弧线。这种传统的道德存在并非我们所期待的一个普遍的人，而是一个由特定时间和地点定义的理性个体。

与我们的理论建构相关的第二种一元论的抽象形式是经济功能主义。正如跨文化传播以多元主义的方式定义自己，它正面临着双重约束。全球媒体革命是跨文化传播双重约束的一翼，我们已经熟知其历史性和戏剧般的激烈性。全球信息网络的工具主义一元论威胁着多元主义的真实性，这种技术现象已经得到了社会科学分析。它被历史地赋予秩序并且以社会学的方式被理解。

一个主导框架是电子网络，数字技术与19世纪的中国和15世纪的欧洲兴起的广播和印刷媒介有着根本不同。卢西亚诺·弗洛里迪(2014)主张在哥白尼、达尔文和弗洛伊德之后进行第四次革命，其中信息空间是由自然、合成、混杂、工程、人类和技术现实整合而成的本体。这是基于虚假中立的工具主义。技术设计的网络由自动算法机制促进和管理。这个有生命和无生命的信息空间由“inforgs”单元组成，是信息化的一元论。在弗洛里迪看来，数字网络是社会科学和分析哲学的智力结合。

我们从思想史中了解到，严格一元论版本的“一”已经失去信誉。充其量，它们代表了西方的理性准则。不管是道德绝对、经济功能主义还是数字工具主义，都没有解决我们的主题——多元主义和跨文化传播中的“一”与“多”问题。康德式的道德绝对与笔者所持理论中的道德普遍性并不完全相同。康德的定言命令和笛卡尔的本质主义都是独断的，我们将其与支持它们的理性人建构一起扬弃在历史中。信息网络中的人类主体性是不明确的、空洞的，必须回应鲍德里亚的拟像观。一元抽象和人文普遍性这两个概念在认识论上是截然不同的，除非我们强调这一点，否则我们会犯范畴错置的逻辑错误。理性形式主义被准确地批评为不适合跨国和跨文化的媒介伦理。为了让今天的跨文化传播有意义，我们需要一种新的普遍性。挑战在于一种让“一”接近人们的日常生活存在的普遍主义模式，因此人类存在的多样性就成为可识别的，而不是埋藏在抽象的形而上学之下。

在伦理学中，于尔根·哈贝马斯受益于康德的传统，通过在他的话语理论中引入对话路径来从根本上重构它。正如他所观察到的，“如果哲学不能超越抽象的理性概念，那么它就会陷入再生产它原本想要批评的具体意识结构的危险中”(Habermas,1984:363)。哈贝马斯反驳了康德的论点,即在定言命令驱动下的反思性个体将会对责任要求得出相同的结论。哈贝马斯坚持认为,由于道德观点源于所有受影响者之间的一致意见,康德的绝对主义面对多元化的环境是站不住脚的。

捍卫抽象的善现在被认为是对多元社区进行道德判断的知识帝国主义。我们需要另一种普遍性。我们应该在完全不同的基础上构建“一”,而且,必须在此之前完成理论的重新理论化,不掺杂以非偶然性为出发点的奢侈。继承着海德格尔之后的存在主义遗产,伦理原则应被嵌入历史,而不是表现为客观主义的绝对事物。多元主义理论将规范现象置于文化和历史之中(参见 Doris&Stitch,2005),人类可以重新思考规范现象的性质和基本原理,但不能根除它们。“规范和价值观不是文化所具有的东西,而是文化本身。”(McDonald,1986:3)“一”位于人类的存在之中,而不是固定在时空之外的形式化的抽象中。

亚里士多德的道德洞察力(实践智慧)具有认知维度。道德洞察源于“通过审议或者相信可以通过审议来判断是否应当做某事的能力”(Engberg-Pederson,1984:152)。然而,实践哲学不仅仅是对“真正的抽象命题”的静态把握,而且必然“在能够引发实际行动的意义上”是实践的(1984:168-169)。实践智慧(phronesis)通过将细节编织成具有基础价值的单元来使普遍性发挥作用。对抽象一元论至关重要的理性计算和公正反思,被我们在日常生活中对道德问题的体验以及我们与所学到的善之间的互动所取代。就人文普遍性而言,语言和道德在我们存在的核心中拥有相同的人类家园,两者都不能被孤立于“我思(cogito)”中。话语源于良知。普遍主义者的语言被从其认知中的启蒙位置转移到价值观和世界观的解释光谱,即转移到作为存在核心的灵魂(psyche)上。如果解释域是语言的,那么人类的纽带不是由技术的理性或经济所构成的,而是源自我们跨越文化对各地他者进行道德想象而产生的精神共鸣。与经济功能主义和信息工具主义相反,我们的国际网络主要不是依赖经济或信息技术,而是预先设定了这些外部物的精神的伦理承诺。

三、作为实在论的“多”

在“一对多”问题中,“多”的哲学地位同样是我们在跨文化传播中构建多元主义理论的智识挑战。在认识论中,相对主义代表了“一对多”等式中“多”的一侧。对于相对主义者来说,“最终所有价值观都是传统的……人们接受的价值取决于他们出生的语境、他们的基因遗传和随后的经历,以及政治、文化、经济和宗教对他们的影响”(Kekes,1993:8)。简而言之,人类的价值取决于他们的主观态度,而非价值的客观特征。在相对主义看来,道德主张存在于它们赖以构成的社会之外是不可信的。正如凯克斯所说,“冲突如此众多,如此多变,渗透到我们生活的许多不同领域;关于它们的争论是如此无可救药地没有结果,得到如此之少的定论”,转向相对主义的事实是不可否认的(Kekes,1993:5)。而这种水平层面的多样性并非多元主义。

传播理论和实践总体而言宽容性别差异,尊重宗教和反常的文化。文化相对主义是有吸引力的,通常被认为是人类生活中的人群差异。媒体研究是文化特定和比较性的。语言和文化的多样性是传播的全球视野,媒体专业人士致力于精确地表现它们。土著语言和种族群体已经形成了自己的特征,种族自我意识现在被认为对文化活力至关重要。

弗兰兹·博厄斯的《原始人的心灵》(1911)被认为是跨文化传播的里程碑。它展示了文化相对主义如何破坏了西方相比于欠发达社会更优越的观念。博厄斯认识到科学方法需要沉浸在母语和地方文化中,以便用这一群体自己的方式来理解他们。由于地理空间的巨大差异,国际新闻媒体已经与博厄斯的民族志一道,从无意识的民族中心主义转向相对性(Kroeber,1933:11)。就博厄斯的遗产而言,文化相对主义是去西方化跨文化传播的关键一步。文化相对性是我们在交流中的自然栖息地。媒体技术正在快速全球化,但本地身份同时也在维护自己。世界上的多色文化都具有各自独特的美感。

但在肯定研究和专业实践中的文化相对性时,"多"不能被理解为哲学上的相对主义。在研究者和记者对多样性和地方性的热情中,文化相对论有时会陷入哲学的相对主义。但哲学多元主义并没有将文化多样性与道德相对主义混为一谈。文化的和道德的相对主义是不同的范畴,将它们混为一谈是逻辑谬误。如果不犯范畴错误的话,文化多样性的要求并不会成为道德相对主义(参见 Paul et al,1994)。

语言和社会学术语中的文化相对主义并不排除道德标准(Kluckholm,1949),因为一些习俗是相对的,这并不意味着所有习俗都是相对的。虽然关于政策和解释存在分歧,但这些差异本身并不意味着不能对诸如大屠杀等历史事件作出判断。柏拉图在《理想国》中提出的洞穴隐喻教导我们不要把火与太阳混为一谈。对于种族中心导向的研究和新闻来说,文化相对性是无法回避的;但对于哲学多元主义来说,它是过度、滥用和错误的。

今天对"多"的语言建构让文化多样性被误解为道德相对主义。"多"在哲学中的地位因实在论而饱受争议。反实在论建立在相对论的世界观之上,而不是抵制它。道德反实在论否定理智机制对伦理的有效性,因此否定了社会制度规范的现实性。在这种观点中,道德属性不存在于心灵之外(例如 Ayer,1971)。反实在论认为,既然道德价值观是社会建构的,并且因此是复数的,那么就没有道德准则可以是跨越文化的(参见 Christians&Ward, 2014:72-73)。

对于可信的多元主义,我们需要哲学上的实在论。为了给自己的道德实在主义奠定基础,请允许笔者介绍一位富有创造力的自然实在论者——菲利帕·福特,重点关注她在 1967 年提出的为道德哲学作出贡献且具有挑衅性的电车难题。

仅就福特对于自然领域的兴趣而言,道德是一种由自然概念解释和证成的有机的人类活动;通过这种方式,她重新思考事实和价值之间的典型区别(参见 Boylan,2014:127)。在她的《自然善》一书中,恶习是一种缺陷,正如糟糕的树根是树木的缺陷或夜视能力差是猫头鹰的缺陷;这两个缺陷皆为事实。人眼无法在黑暗中视物,但这并非它们的缺陷。我们可以说,猫头鹰"应该有"好的眼睛,但"应该"不是必要的(参见 Plaisance,2015:23,209)。伦理体系的道德推理是自上而下的理论,正如善行优先于我们的行为。对福特来说,人们遵循他们的直觉,正式的推理是次要的或不存在的。当违反伦理的外在规则时,我们会满腹懊悔与内疚。伦理规则是摧毁人面具的种种禁令,让人难以接受。

道德需要经验基础而非基于形而上学的推测。太阳发光,但我们不说太阳应该发光。互联网技术传输数据,我们可以勉强说互联网应该如此。蝙蝠吃蚊子,人被蚊子咬,这些都是事实,蝙蝠和蚊子都谈不上对错。学校教师指导学生学数学,指导学数学会带来什么帮助,带来什么贡献,对谁而言谁应该如此,为何诉诸或者肯定或者否定的最终原则?

菲利帕·福特提出的业已成为经典的电车问题是一个假设,使我们能够更好地理解道德机制。她的自然主义对塑造我们行为的各种心理力量感兴趣。人类为了避免伤害他人,选择保证四个人活着而不是一个人,通过切换铁轨来限制伤害。当可以通过杀死一个人来拯救四个时，桥上的人也不会将胖子推下去来逼停电车。人们将其称为道德计算，因为他选择让死亡发生而不是杀人，但心理科学并不需要道德词汇。四个人生存和一个人死亡是一个数值计算，没有要求电车司机保护四个人而非一个人，与站在桥上让电车司机来决定的人也没有冲突。桥上的人让胖子活着的决定代表了人类拒绝摧毁其同类的准则。电车司机在危急之中行动，他的行动不需要借助来自外部的关于是非的准则来正当化。心理科学解释了这些选择，没有我们称之为道德推理的抽象。指导人类行为的客观道德要求最好被理解为对安全、归属感和友谊的基本需求。人类有所渴望，他们解释情境，在特定情况下制订行动方案，所有这些都涉及我们通常所说的道德推理。

在其科学版本中，自然主义用海森堡的测不准原理来解释自己。科学知识是精确的，但精确度仅限于对不确定性的接纳。海森堡的洞察力在于人类的知识是在不确定性的边缘的一场无休止的冒险，对确定性的坚持导致了基于无知的傲慢和教条。如果人类的条件是由有限性定义的，那么我们就可以对道德秩序持不可知论。在一个厌倦了冲突和霸权的世界里，福特摒弃有争议的道德语言，被视为是积极和富有成效的。

自摩尔之后的一个多世纪，自然主义被视为是从实然推出应然的谬误。文化相对主义和道德相对主义是不同的范畴；实然和应然代表两个不同的领域，将二者混淆是一个范畴谬误。实际上，福特通过拒绝这种区别来消除这种谬误。对她来说，我们通常选择做的事情会使“应然”无关紧要（参见Plaisance，2015：71）。但是，在界定作为伦理基础的“实然—应然”区分时，自然主义的实在论面临着一个难题：那些本身就通过交流来形成的人，要能够充分解释那个使他们能够解释的过程，如何在理性上有这种可能性呢？这是一个披着新衣的旧悖论：没有非自然境界的实在主义，作为道德理论能够包容自身吗?因此,福特的《自然善》准确地说明了它所肯定的,但是错误地说明了它所否认的。笔者的道德实在论概念避免了这种悖论。也就是说,当社会寻求共同善时,普遍规范在相互冲突的叙事中进行裁决是必要的。否则,我们无法得出美诺悖论的答案,在这种悖论中柏拉图使解决问题的尝试变成荒谬的。如果你知道你在寻找什么,就不会有问题存在了;如果你不知道你在寻找什么,你在发现它时又如何辨认呢?

在这种实在论形式中,现实独立于我们的概念方案、我们的信念和我们的经验观察。“实体以它们自己的方式存在;人类不是发明它们而是发现它们的属性。”(Christians&Ward,2014:73)物质世界、数学数字和道德范畴都独立于人类的思想。对于实在论者来说,外部世界包含大量需要描述的客体和属性,以便我们识别它们的存在。电磁频谱存在了几个世纪才有人发现,并且无论是否有人理解,它在今天都是存在的。

我们的创造能力在既定自然秩序的限制内发挥。作为一个特定整体存在的生动的有机世界形成了历史存在的预设。现实不仅仅是原材料,而且是通过其内部各部分之间的关联而垂直排列成的。有些种类是有层级的,种中有亚种,属中有种,但人类之间的关系是水平的。这个连贯的整体是历史的源头,它的起源是一个使得历史本身可以被理解的思想秩序。从这个意义上说,道德实在论优先考虑成为人类物种成员的必要和充分条件。道德实在主义捍卫了可以而且应该付诸行动的关于对错的道德领域。

文化相对论不管被定义为哲学相对主义还是反实在主义,都在曼海姆的悖论中挣扎,可以将其概括如下:相对主义者声称真理是受到文化约束的,但他们不能在不超越文化限制的情况下宣称这是相对主义,而不放弃相对主义立场就不能超越文化限制(Geertz,1973:第8章;参见Mannheim,1936:第二部分)。希拉里·普特南(1981)在哲学上同意曼海姆的观点。在他的重要评论——《从柏拉图的〈普罗泰戈拉〉到托马斯·库恩的〈科学革命的结构〉》中，普特南概括地总结："如果一切都是相对的，那么相对本身也是相对的。"(1981:120)在详细阐述巴赫金的行动哲学时，德·米兰达论证了相对主义："一个人不能评判他者文化甚至个人实践的借口，本身携带着判断的偏见内涵，即它只有在它可以对另一方施加暴力的强制力时，才是有效的。如果文化被认为是'自成一体的实体'并且在地方层面'密封'着的，那么文化间的道德辩论就变得不可能了。"(2002:214)多元主义在相对主义内部没有任何效力。笔者将道德实在主义视为相对主义的解药。对"一对多"问题的哲学反思为我们提供了多元主义和跨文化传播的两个有效概念：人文普遍性和实在论。有了这两个观点，思想之流就通向了原则性的非暴力。

四、非暴力的伦理准则

跨文化传播的知识生产应该是多元的。跨文化传播中的表征多元性将是相对的，并且无法实现多元主义，除非其知识生产建立在非暴力原则的基础上。

多元主义是一种理论，认为现实——在这种情况下是社会现实——由多个实体组成。多元社会是一个令不同的社会、族裔和种族群体的成员在共同文明的框架内保持其传统文化或特殊利益的社会。多元主义是一种认为应允许各种可识别的党派群体茁壮成长的信念。

在哈贝马斯的《道德意识与交往行为》中，拥有通过普遍规范判断出的多元社区是话语伦理的知识策略。哈贝马斯认为，普遍化原则是一种论证规则，是人类话语中隐含的假设(1990:86－94)。哈贝马斯预先假定，交往是所有人类社会的基础，因此交往的基本特征也是普遍的。"在哈贝马斯看来,人类社会普遍依赖于一套隐含的规则,并声称任何参与者都必须接受它们。否认这一事实涉及一种'行动性矛盾'——人们无法在不违背那些通过话语参与而默认接受的规则的情况下采取这种立场。”(Kruger,2016:80)与康德笔下假设自己拥有普遍视角的孤绝的个体化主体相比,哈贝马斯的主体间话语伦理将跨文化理解与特定社会群体的生活世界叙事和需要解决的真实冲突联系起来。

对哈贝马斯来说,为了达成共识,发言者和听众必须就他们的沟通中提出的有效性声明达成一致。“有效性声明等同于明确肯定说话的有效性条件得到了满足。”(1984:38)交往理性是有效性声明被满意地解决的过程。达成理解意味着参与者之间根据合理动机而达成协议,衡量该协议有效性的声明被呈现、测试和重组。哈贝马斯指出,发言者和听众之间的沟通是由作为规范性正当性的这种有效性声明构成的。通过有效性声明,哈贝马斯将规范性正当性表述为预期的社会关系的道德正当性。就正当性的维度来说,其实体领域就是社区。默认的有效性声明是指言语行动在社会意义上是适当的或公正的。正如哈贝马斯所描述的,“言语行为在给定的规范性语境中是正确的,或者其满足的规范性语境是由其本身正当化的”(1984:137)。发言者和听众达成一致的交往理性包括他们在人际关系中正确地对待彼此。在民族实体之间,在鲜活的人群中,跨文化传播的规范性正当性原则是非暴力的。关于真相的伦理与关于尊严的伦理彼此关联,当有众多实体被表征时,多元构成的社会需要遵循非暴力原则的交往体系。

当代哲学家罗伯特·霍姆斯提出了一种规范性的非暴力准则的伦理。正如他所说,“非暴力哲学可能只是描述和阐明非暴力。或者它可以代替,或者说提出并捍卫其采用。也就是说,它可能是规范性的或非规范性的。我将从这个意义上审视通常被理解为规范性的非暴力”(Holmes,2013:

170)。

“人们应该始终采取非暴力行为”的伦理准则,排除了身体和心理上的暴力。在双重意义上要求非暴力意味着非暴力成为一种生活方式。“非暴力地生活并鼓励他人这样做,既是手段也是目的。”“问题不在于非暴力是否有效,而是人们能否成功地非暴力生活。”(Holmes,2013:179)

造成精神伤害的是对“事实、真相、作者的意图,对死者的记忆以及对包括自己在内的人的广泛暴力。在每种情况下,具有价值、正直、尊严、神圣或一般受到尊重的事物都被蔑视地对待……我们可以辱骂、羞辱、侮辱、贬低和压迫人们,不友好地、不公平地、不公正地对待他们,并且在不诉诸针对他们的身体暴力的情况下使他们受到难言的精神伤害。一种仅禁止身体暴力的理论最多只能代表看似合理的道德立场的一部分而非整体”(Holmes,2013:154,173)。甘地原则性非暴力的版本显然也有同样的意思:“我所说的暴力包括腐败、谎言、虚伪、欺骗等。”(1961:294)

“一个人应该始终采取非暴力行为”这一原则应被理解为“显见义务”。它不是绝对的去语境化法则,不是启蒙术语中的数学推导定理。霍姆斯承认,在原则性的非暴力中“可能存在暴力被证明合理的假设情况”,但它们“很少真正发生,如果有的话”。有人可能会争辩说,强行克制一个疯狂的人以防止他伤害自己或其他人是可以用非暴力原则来证成的。这种可能性发生在甘地身上(Holmes,2013:157):

> 我已经看到,我之前没有那么清楚,暴力中有非暴力……我没有充分意识到限制醉酒者做坏事、杀死痛苦的或患上狂犬病的狗的责任。在所有这些情况下,暴力事实上都是非暴力的。(Gandhi,Holmes,2013:157)

非暴力是在存在主义背景下的一种生活方式,“一个人应该始终采取非暴力行为”的原则是一种显见义务。显见义务是处理当今复杂情况的一种更为连贯的方式,而不是考虑例外情况。显见义务具有支持这种处理的前提假设。除非有强烈的道德考量来超越,否则显见义务是强制性的。总是非暴力地行事的责任是显见义务的;它是“不言而喻的”和“一见便服从”的,因此它应该完成。在 W. D. 罗斯的《正确与善》中,非伤害的显见义务是不得在身体或心理上伤害他人,即避免伤害他人的健康、安全或幸福。显见义务的裁决要求公平地分配获益和负担。在这种义务论伦理学中,当基本的显见义务发生冲突时,优先权规则就会给予我们指导。非伤害通常会先于其他显见义务,“原则性非暴力”是所有需要考虑的因素的优先规则。责任不会等待后果的裁决。责任被纳入或付诸社区内的特定行为或政策中。责任不是正式的法律,例如“总是采取非暴力行为,通过回应性关系在语言社区中寻求对话,负责任地融入到生活的整体环境中”(Niebuhr,1963:153)。

正如罗斯强调的那样,代表社区生活利益的伦理是模糊的,处理可能性而非确定性。一个显见义务向我们展示了它的完全真实和不言自明,但这并不意味着我们的道德判断是绝对正确的。罗斯认为,在特定情况下,一项义务总是比其他义务更具紧迫性或优先权,而“责任适当”正是应当做的事情。优先性规则可以为我们提供指导,而在其他条件相同的情况下,非伤害原则具有优先权(1930:42)。

罗纳德·特切克在回顾关于甘地非暴力中的例外因素的复杂文献时,根据罗斯的义务论伦理学的精神得出结论:“每个人都必须决定如何以及在何处应用甘地的原则,但这种实践不能是一个便宜行事的问题。我认为要认真对待甘地,但他的理论中的例外情况需要一个原则性的立场。这种立

场不会随着方便而改变，并且不会违背其他强有力的道德原则。”例如我们对全球正义的责任。(2011:129)

在发展笔者的理论模型时，非暴力原则是“一”与“多”的整合者，对非暴力来说，文化连续性是主要价值。为了将这种控制规范置于技术语言中，请注意正式的标准：非暴力伦理是合法发展的，当且仅当它与文化连续性完全吻合时。多元主义认为由历史和地理塑造的人的多样性是不可妥协的。

与文化连续性“很好地融合”带来了创造性的模糊。一方面，它要求与连续性建立牢固的关系；另一方面，它没有精确地指定这种关系。笔者并不是在没有不连续性的情况下提出连续性的静态视角，但笔者选择强调连续性来反对完全低估连续性的进化过程概念。也许振荡传达了连续性和不连续性之间辩证关系的恰当形象——整体模式是文化形成而非拒绝。显然，对立面在这里发挥作用——差异化和整合、中心化与去中心化、大规模和小规模、统一性和多样性，通常我们必须在这些对立面之间做出艰难的选择。但主流方向是差异化、分散化、小规模和多元规范性。对于多元主义而言，关键在于把哪种创新最适合当地文化的最终决定权交到那些按照自身利益行事的当地人手中。

用《多元主义计划》的创始人兼主任戴安娜·埃克的话来总结：“多元主义不仅仅是相对主义，而且为真实和差异的文化承诺提供了空间。在多元社会的公共广场中，承诺不被忽视，而是被邀请进来。多元主义是一个通过彼此间的批判和自我批判的接触来创造社会的过程，承认而非隐藏我们最深刻的分歧。”①

---

① http://pluralism.org/wp-content/uploads/2015/08/diana_eck.png.

结　论

跨文化传播对新闻的收集和传播不仅仅是信息性的。专业人员在跨文化传播中的任务是知识生产。

跨文化传播,如果被简化为“信息处理”,则可使用科学标准来确定其有效性。然而,作为“知识生产”的跨文化传播遵循着人文学特征的逻辑和人文风格的证明模式。虽然在社会科学中,阐释通常是未经检验的,但在人文学科中,阐释过程是当务之急。凡是可理解的事物,我们都可以通过语言来接近,并且所有语言的运用都需要阐释。在阐释中,想象力和形象化得到了创造性的飞跃。“事实自己永远不会说话。它们必须被选择、排列、连接在一起并发出声音。”(Barzun&Graff,1992:xxii)没有任何自我理解不是以符号、象征和文本作为中介的。人类首先不是在客观世界中生活,而是在思想和文化系统中生活。总有一种事先给定的阐释语境。累积意义的历史构成了我们阐释的元素。知识生产编织了一个真理的锦毡,建立起了真理的社会和历史背景。因此,这种多层次的阐释过程需要伦理原则——在多元主义的情况下,是非暴力原则——来为过程赋予系统的形式。

非暴力首先不是政治或媒体策略,而是一种生活哲学,因此它的基础家园是人类的存在,这需要积极的受众。正如利柯(1976)所说,文本是多义的,因此可以通过多种方式进行解释。原则化的非暴力行为适用于跨文化传播的媒体创作者,也是受众评估报告和项目的标准。和平新闻的指导原则促进了多元文化社会的相互理解和受众合作,植根于语言、文化和社区互动的非暴力是跨文化传播的正确场景。

参考文献

ATER A I. Language, truth and logic[M]. Harmondsworth, UK: Penquin, 1971.

BARZUN J, GRAFF H F. The modern researcher[M].5th ed. Orlando, FL: Harcourt College Publishers, 1992.

BAUMAN Z. Liquid life[M]. Cambridge, UK: Polity, 2005.

BOAS F. The mind of primitive man[M]. New York: Macmillan, 1911.

BOYLAN M. Natural human rights: a theory[M]. New York: Cambridge University Press, 2014.

CHRISTIANS C. The one-and-the-many problem in communication ethics[M]//LEE P. Communicating peace.Penang, Malaysia: Southbound Sdn. Bhd, 2008: 45-62.

CHRISTIANS C G, WARD S J A. Anthropological realism for global media ethics [M]//COULDRY N, MADIANOU M, PINCHEVSKI A. Ethics of media. Basingstoke, UK: Palgrave Macmillan, 2013:72-90.

MIRANDA D, LOPES A. Mikhail Bakhtin's philosophy of the act[M]//BRACCI S, CHRISTIANS C. Moral engagement in public life: theorists for contemporary ethics. New York: Peter Lang, 2002:196-223.

DORIS J M, STITCH S P. As a matter of fact: empirical perspectives on ethics[M]//JACKSON F, SMITH M. The Oxford handbook of contemporary philosophy. Oxford, UK: Oxford University Press, 2005:114-152.

ENGBERG-PEDERSON T. Aristotle's theory of moral insight[M]. Oxford, UK: Clarendon, 1980.

FLORIDI L.The fourth revolution: how the infosphere is reshaping human reality[M]. Oxford, UK: Oxford University Press, 2014.

FOOT P. Natural goodness[M].Oxford, UK: Oxford University Press, 2001.

GANDHI M K. Non-violent resistance (satyagraha) [M]. New York: Shocken Books, 1961.

GEERTZ C. The interpretation of cultures[M].New York: Basic Books, 1973.

HABERMAS J.The theory of communicative action. Vol. I: Reason and the rationalization of society[M].Trans. MCCARTHY T.Boston, MA: Beacon Press, 1984.

HABERMAS J. Moral consciousness and communicative action [M]. Trans. LENHARDT C, NICHOLSEN S W.Cambridge, MA: MIT Press, 1990.

HARRIS B, MOUSOUTZANIS. Cybercultures: mediations of community, culture, politics[M].Amsterdam: Rodopi,2012.

HOLMES R L. The ethics of nonviolence[M].New York: Bloomsbury,2013.

KANT I. Groundwork of the metaphysics of morals[M]. Trans. GREGOR M. Cambridge, UK: Cambridge University Press,1998.

KANT I. Critique of pure reason[M].Trans. GUYER P,WOOD A W.Cambridge, UK: Cambridge University Press,1999.

KEKES J. The morality of pluralism [M]. Princeton, NJ: Princeton University Press,1993.

KIEN G. Global technography: ethnography in the age of mobility[M].New York: Peter Lang,2009.

KROEBER A. Anthropology[M].New York: Harcourt, Brace, & Company,1993.

KRÜGER F. Discourse ethics and the media[J]. African journalism studies, 2016,37(1):21-39.

KUHN T S. The structure of scientific revolutions[M].3rd ed.Chicago: University of Chicago Press,1996.

MANNHEIM K. Ideology and utopia[M].New York: Routledge,1936.

NIEBUHR H R. The responsible self[M].New York: Harper & Row,1963.

PAUL E F,MILLER F D,PAUL J. Cultural pluralism and moral knowledge[M].Cambridge, UK: Cambridge University Press,1994.

PLAISANCE P. Virtue in media: the moral psychology of excellence in news and public relations[M].New York: Routledge,2015.

PUTNAM H. Reason, truth and history[M].Cambridge, UK: Cambridge University Press,1981.

RICOEUR P. Interpretation theory: discourse and the surplus of meaning[M]. Fort Worth: Texas Christian University Press,1976.

ROSS W D. The right and the good[M]. Oxford, UK: Clarendon Press,1930.

TERCHEK R J. Conflict and nonviolence[M]//BROWN J M,PAREL A.The cambridge companion to Gandhi.Cambridge, UK: Cambridge University Press,2011:117-134.

跨国公司的跨文化挑战

◇ [法]于格·欧梯也*

导　言

两年前,我来到这里给大家讲述了民族认同中刻板印象的问题,尤其是我们对于"他者"的刻板印象问题。为了帮助大家回忆,我选取了一张能同时表现两个国家之间刻板印象的广告图片——澳大利亚人在购物时更在意衣服的质量和耐损性,但苏格兰人会因为高昂的价格而拒绝购买一件质量上乘的衣服。

这则广告中的商品,就是以结合两种刻板印象的方式来吸引潜在的客

---

* 于格·欧梯也(Hugues Hotier),法国波尔多第三大学(Université Bordeaux Montaigne, France)传播学研究荣誉教授。译者彭思思。

户。广告中的帽子既能满足澳大利亚人对质量的要求,其低廉的价格也能为苏格兰人所接受。

我一直关注刻板印象在构建"他者"形象的过程中所扮演的角色。事实上,刻板印象有时甚至是自身的写照。陈词滥调在公共话语中比比皆是,社会精英的言论也不例外。一些政治家在推特、脸书、博客中大量地发表与刻板印象有关的言论。社交网络的发展带来了刻板印象的失控传播,传统媒体也并非无辜。但首先,我们要明确刻板印象的定义:刻板印象是一种先入为主的想法,既没有实践基础也没有具体的理论支撑。它在群体中传播,可能以一成不变的方式在人们的交流中不断复制。刻板印象的广泛传播使得群体成员拥有同一种形象、意见以及信仰。

一、一种普遍的心理作用

1999年6月19日,欧盟教育部大臣签署了《博洛尼亚宣言》。该协定旨在促进欧洲高等教育的和谐发展,在欧洲地区简化学位认可程序、增强学生的流动性。[①]由此,整个欧洲教育系统一体化。签约国中的任何一个国家的学生的学位都将自动获得其他签约国家的认可。为了促进学生的交流,课程是根据学期以及签约国之间可以相互转换的学分而设定的。这一体系被称为ECTS(European Credit Transfer System),即欧洲学分互认体系:学生在任意签约国获得学分的同时也会获得其他签约国学校的认可。因此,学生们可以在多个国家展开学习。为了使学生与教师的交流更方便,欧盟资助了以欧洲卓有成就的哲学家伊拉斯谟(Erasme,1467—1536)的名字命名的伊拉斯谟计划(ERASMUS),即欧洲地区大学生交换活动计划,该项目也

---

① www.unibo.it/en/international/agreements-and-networks/bologna-process.

适用于欧盟以外的45个合作国家。

西班牙格林纳达大学每年接收的欧洲学生大约有2,300名,居欧洲首位,这些学生之后也将前往其他国家进行学习。2018年7月,《世界报》①报道了这些年轻人的生活,内容涵盖他们的生活现状、教育水平以及交换学习的能力。值得我们思考的是,尽管这篇报道证实大学生们拥有超出平均水平的开放意识,但是文章作者也强调,这些政策只能帮助学生们互相了解,无法抹除他们对彼此的刻板印象。例如,意大利人经常撩拨女性,德国人在家务上吹毛求疵,法国人思想不开放。这些国家间的刻板印象具有长久的生命力并且蒙蔽了所有人的认识。换言之,大型跨国公司的管理为了提升效率应该考虑到人们思想的这一缺陷。

二、空客公司(Airbus)的实例

20世纪60年代,航空领域飞速发展,航空工程被一些大型美国企业,例如麦克唐纳·道格拉斯公司、洛克希德·马丁公司以及波音公司垄断。考虑到民用航空的发展需要,美国企业致力于大型长途客机的制造,然而欧洲生产商们却仅限于制造200人载客量的小型短途客机。每个大国都应该有自己的航空工程企业,20世纪60年代中期,欧洲一些国家决定与企业联合起来制造大型客机以应对美国公司的竞争,降低客机使用成本。为此德国、法国以及英国于1967年签署了一项协定。但英国政府于1969年退出该协定,即使9年后这项合作不再充满风险而是有着光辉的前途,英国也未选择再次加入。

Airbus一词指空中客车,由空客公司中的德国小组发明,之后Airbus

---

① Heureux comme Erasmus à Grenade[N].M Le magazine du monde, 2017-07-22.

成为该公司的标识与名称。此外,为了彰显欧洲国家合作的多元文化性,荷兰与西班牙填补了英国退出后的空缺。1972 年,空客公司第一架飞机——Airbus 300 出产。2016 年,空客公司以 668 架飞机的交付量取代波音公司成为行业第一。

空客公司总部坐落在法国图卢兹。该企业在欧洲共有员工约 6.1 万人,其中共有约 2.5 万名法国员工,且约有 1.3 万名员工在总部工作。尽管空客公司以飞机制造闻名,但是该公司同样生产运载火箭、人造卫星、导弹、直升机以及战斗机。空客公司遍布全球,来自 130 个国家的约 13.6 万名员工共同致力于产品制造。

我们可以设想这一跨国企业所面临的多元文化难题,尤其是在来自 130 个国家的员工数量日益增多但是彼此之间却缺乏沟通的情况下。当公司将来自德国、西班牙、法国、荷兰的员工召集在一起工作时,第一个难题出现了。如果按照国籍将他们分派在不同国家的工作小组中,公司只需要负责不同小组间的协调工作或者建立新工作程序来进行分工。但是,当来自不同国家的能力卓越但文化不同的技术人员聚集在图卢兹时,他们对彼此的误解加深。许多隔阂的产生都与人际交往有关,参与者们的反馈中充满了刻板印象。

1989 年,我在波尔多参加了从业者与学者云集的"企业文化与国际传播"会议。我对这一领域的研究兴趣由来已久。空客公司的公关总监也参加了此次座谈会,他给我们讲述了民族认同是如何出于企业内部的工作需要而被强化的。这些高智商、技术水平无可挑剔的员工将自己置于糟糕透顶的工作环境之中:如果公司花费了大量时间仍没能做出决策,那么无疑是因为法国人的滔滔不绝,他们总是渴望别人倾听自己,不然就是因为德国人尊重等级制度而无法现场做决定。至于西班牙人,如果他们能准时参加会议，就会停止抱怨他们没有被充分告知相关事项。事后看来，这些本能的反应十分幼稚，但是它们对商业目标的实现却产生了实实在在的负面影响。在认识到难以避免的文化冲突阻碍了商业计划的实现之后，高层领导人构思并提议互相接纳而非强制融合，这是 20 世纪前 75 年里人类学家提出的一种“超文化”理念。[①] 然而，不同的是，空客公司的文化显然是一种由利益相关者所创建的“商业”文化。首先，公司回顾了企业目标以及实现这些目标的手段和制约因素。接着，公司根据调查结果定义了企业价值观——员工的共同义务是完成工作目标并且尊重公司的价值理念。40 年后，来自德国的国际人力资源总监阿多尔夫·伊德（Adolf Ihde）指出：空客公司的 2,700 名员工在异国工作，它是全球外籍员工比例最高的公司之一。这一点对于其他公司而言是阻碍，但对于空客公司来说却是它的王牌。通过德国、西班牙、法国、英国等国家的内部流动，民族心理意识得到了发展，消费者也被公司呈现的多元文化所吸引。“当我审视工作环境时，我从未见过有像我们一样国际化以及体现多元文化的工作环境。选择英语作为唯一的工作语言有助于公司内部的整合。所有人都在说‘空客英语’。”伊德还强调了员工对公司的自豪感与归属感：“在空客公司工作的人感到自豪；自愿离职的比例很低，不到 3%。”最后，为了表明接受企业文化的一切很重要，伊德指出：外派人员的奖金造成了紧张的局势，但是相关的薪资政策已经获得改善。外派人员共享有五年津贴，前三年津贴不变，后两年津贴减少，五年后外派员工的薪酬与当地员工一致。值得一提的是，企业文化是由利益相关人所建立的，但现在情况与之背离——新员工被迫接受企业文化，原因在于事实证明该政策是有效的，想在空客公司工作的人除了像其他成千上万的员工

① DUNCAN J S. The superorganic in American cultural geography [J].Annals of the association of American geography,1980,70(2).

一样接受企业文化外别无选择。2011 年 6 月伊德在接受《世界报》的采访时,表达了对新员工的期望:"毫无疑问,我们在面试中会考核员工的技术水平,之后我们还会进行加试,确认候选人是否具有我们需要的创新思维以及国际精神。候选者必须具有良好的语言水平,至少英语流利,以便未来能够如同我们一样融入这家跨国公司。此外,候选者必须具备在多元文化环境中工作的能力。"①

1998 年我第一次来武汉时,航班因为技术问题延迟起飞了几小时。乘客在机场的休息室等待,那时的机场并没有现在舒适。我们挤在狭小的空间里,但这促进了我们的联系与交流。当时我与标致公司的一位法国工程师展开交谈,我们非常自然地谈到了中法沟通的障碍。于我而言,这都是非常大的障碍。几年后,我在广州参加了汇集商界领袖与学者的中法研讨会。研讨会上的一切都表现出两种文化的交流障碍。只有一位移居中国的法企领导人表示他个人没有遇到任何障碍,他了解中国人的心理,很少在这上面犯错。当他意识到自己的经历引起了我们的失落以及嫉妒时,他最后坦白他的妻子是中国人,而且已经结婚 24 年了。这或许是交流障碍问题的解决办法之一吧……

我刚刚谈过了空客公司员工的自豪感与归属感。因为一个组织的外部形象构建了其内部形象,公司的名望以及外界良好的声誉也会强化这种自豪感。在我看来,研究大型跨国公司如何使用符号和标志来提升它们的形象是十分有趣的。航空公司的名字中往往包括国家名,所以它们包含了一定的民族自豪感,例如:法国航空、摩洛哥皇家航空、西班牙国家航空、阿拉伯航空、中国国际航空、中国南方航空、中国东方航空。我们一般能在飞机

① DUNCAN J S. The superorganic in American cultural geography [J].Annals of the association of American geography,1980,70(2).

的尾翼上或者是公司的图标上找到象征国家的颜色。结合历史、符号学以及旗帜学研究旗帜以及它们的内涵时，我们发现当公司希望借助于国家的积极特点进行宣传时，它们就使用这个标志。但有些公司只是利用刻板印象来进行自我推销，有的则纯属虚构！

与之相反，如果公司要提高国际地位、改善多元文化现状，公司名称与国家联系在一起并不是个好办法，更合适的做法是从根本上简化公司名称。空客公司的发展正是最好的佐证。如前所述，“空客”最初是“空中客车”系列产品的简称。荷兰控股的空客工业公司合并了法、德、西班牙三国厂商，负责生产不同型号的空中客车模型。[①] 这家跨国公司成立于 2000 年，全称欧洲宇航防务集团（European Aeronautic Defence and Space Company），简称 EADS。欧洲宇航防务集团是空客公司的主要股东，在阿丽亚娜卫星发射计划以及诸如战斗机、直升机制造的军备计划中发挥了重要作用。

尽管欧洲宇航防务集团这个名字有它的内在逻辑，但对于除专家外的普通人来说，这个名字仍然是复杂的。此外，由于“空中客车”这一产品家喻户晓，以它为名能够利用品牌对所有人“说话”。在这种新逻辑的推动下，该公司采用了许多新名称。2014 年，欧洲宇航防务集团更名为“空客集团”（Airbus Group）。公司分部的名称在“空客”的基础上进行补充。同年 10 月，该公司公关总监强调：“如今，公司的新名称是空客集团，我们的所有部门：空客、空客宇航防务公司以及空客直升机公司都在同一品牌下发展。”但是，需要重申的是，任何外部品牌形象的改变都会与内部发生关联，它为全球成千上万员工带来自豪感。请原谅我大胆地进行比较，这种自豪感就如同跨越民族的宗教一般，因为这种自豪感中总是存在着与信仰接近的非理

① Aérospatiale Matra for France, Daimler-Chrysler Aerospace (DASA) for Germany, Construcciones Aeronáuticas (CASA) for Spain.

性因素。20 世纪 80 年代,企业管理文化中充斥着 IBM 公司员工的言论,他们天真地相信公司永远不会裁员,就如同这一承诺是福音真理。然而接下来的几年的情况证实并非如此。不过,正如空客公司的公关总监所言:“空客毫无疑问是最有前途的品牌,因为它的实力与名气激发了内外的信心与尊重。这是我们所有人的机遇,集团能够在这一品牌下获得发展。我们不能错过这个机会……品牌商标的变化是最简单、最美的传播活动。”对此,我补充一点:无论对内还是对外,品牌商标的改变都是最简单、最美丽的传播活动。2016 年 10 月 1 日,空客集团宣布从 2017 年 1 月 1 日起重组集团,均使用简称“空客”。这不仅仅是我们表面上看到的名字的“美化”,也是公司建立新的组织结构、进行内部融合的行动。内部的分化伴随着品牌商标的改变在逐渐消失,“空客”这个名称涵盖了所有产品以及生产分部,不论其他分部的特色是制造军备、火箭发射器还是飞机。

这种将交流与多元文化相结合的策略已经扩散到其他领域。自 1631 年以来,法国政府一直致力于海军军事建设。然而在近四个世纪的时间里,情况已经发生了变化。该项目的负责人从过去的法国政府变成了航海建设系统服务局(Direction des Constructions Navales des Systèmes et des Services)。该企业雇佣了来自 180 个国家的 1.3 万名员工,但是正如 2017 年 6 月 29 日《回声报》(*Les Echos*)中所提到的那样,“尽管该企业诸如戴高乐航母、护卫舰以及核潜艇等产品举世闻名,但制造商知名度却不高”。无可否认,使用 DNCS 这一缩写可能不是向世界各国政府推销的最佳方式……因此,2016 年,该公司只有在向澳大利亚媒体解释 DNCS 代表什么后才获得 12 艘潜艇制造订单。为了充分利用这个重要的订单所带来的国际声誉,该公司于 2017 年 6 月 28 日宣布更名为航海集团(Naval Group),它通过两大宣传活动让世人知晓它的企业目标。在其网站上,航海集团的英文自我介绍变为“世界海防的领军人物、能源创新者;潜水艇、战斗舰艇的设计和制造者;能提供航海服务和日常供给的解决方案”。该公司还通过法语口号“我们改变名字,但不改变航向”进行对外宣传。

该集团公关总监称:“改名出于两方面的目的:一方面是为了维持我们的国际知名度,另一方面,更重要的是通过维持声誉进而吸引最优秀的人才。”(《回声报》,2017年6月29日)。该集团的董事长在数家新闻媒体上发表的声明更详细地指出:“这个简单的名字能够代表我们的理念以及文化传承,我们创造这样一个强大且统一的品牌主要是为了应对两大主要挑战:一方面,我们需要加强我们的国际影响力,巩固我们在行业中的领军地位,在日益激烈的竞争环境下开发新的市场;另一方面,这项举措也是为了吸引人才,培养合作者的忠诚度。”(路透社,2017年6月28日)

目前,我们很难定义公司外部和内部目标在传播中的相互关系。

结 语

跨国公司内部多元文化所造成的问题应该分成两个步骤来解决。人们应该意识到需要在公司内创造一种特定的文化以减轻文化的异质性,打破国家间的刻板印象,在利益相关者中强化文化同质性。这种“家庭文化”或企业文化可以由利益相关者构思,利益相关者作为发起人和所有者会更加依赖这种文化。作为社会实践和语言行为的理论基础的基本价值是由历史塑造的。无论如何,优秀的外部声誉和积极的公司形象将对员工融入企业文化产生极大的影响。当这种文化为内部所接受、宣扬时,即使将来有新员工加入,它也不会因为新元素的出现而受到挑战,原因在于新员工都必须遵守这一文化。但是有一些发展迅猛的公司粗暴地调整公司内原有的关系,这导致它的文化体系出现了震荡，甚至是瓦解。①

参考文献

ABRIC J-C. The structural approach of social representations [M]//DEAHX K, PHILOGÈNE. Social representations: introductions and explorations.Oxford:Blackwell Publishing,2000.

BLIN D. Les emblèmes d'entreprise : la part du non-verbal[M]//HOTIER H.Non-verbal et organisation.Paris:L'Harmattan,2000.

BLUM L. Stereotypes and stereotyping: a moral analysis[J].Philosophical papers,2004,33(3).

DUNCAN J S. The superorganic in American cultural geography[J].Annals of the association of American geography,1980,70(2).

HAMILTON D. Stereotype and intergroup behaviour [M]. New York: Psychology Press,1981.

INZLICHT M,SCHMADER, T. Stereotype threat: theory, process, and application [M].Oxford:Oxford University Press,2012.

JOVCHELOVITCH S. Knowledge in context: representation, community and culture [M]. London:Routledge,2006.

LIPPMANN W. Public opinion[M]. New York:Penguin Books,1922.

---

① "系统是一个复杂的结构，由不同的组件通过多个关系相互连接而成。这些组件被视为与其所属系统结构相同的子系统。子系统本身可以分为较低级别的子系统，或者暂时作为一个系统简化为无法分解的单个元素来处理。系统比其各部分更复杂在于它具有其组件所没有的功能。这必然是因为组件间可以称为'定义关系'的互相绑定的关系。系统最有趣的全局属性是那些处理其进化行为的属性。假设一个系统的演化既受到其组成部分或其定义关系的内部变化的影响，又受到系统与其环境之间可能的相互作用的影响，通过这些演变，一个系统可以保持一定的稳定性，也可以演化为分裂或更好的整合。"(环球百科)

OURSET R. L'utilisation du drapeau dans la communication internationale[M]//Communication et organisation. Bordeaux:Université de Bordeaux,1992.

STEELE C. Whistling vivaldi. How stereotypes affect us and what we can do[M]. New York:W.W. Norton & Company,2010.

STAPLES B. Parallel time[M]. New York:Pantheon Books,1994.

WALMSLEY C J. Social representation and the study of professional practice[J/OL]. International journal of qualitative methods, 2004, 3(4), http://www.ualberta.ca/~iiqm/backissues/3_4/html/walmsley.html.

全球南方的迁移和扎根:
种族、发声和传播的能见度

◈[澳]哈林德奈斯*

学者罗赛洛(Rosello M.)在其研究中提出"后殖民主义的待客方式"(postcolonial hospitality)的观点,他认为这是一种针对移民的文化政策。书中提到了1996年夏天发生在法国的故事,那可能是法国人第一次听到妖魔化"偷渡者"的声音。当时300个非洲男女在到达圣伯纳教堂之前占据了公共空间,意图提出"对他们出现在法国的另一种解释",并告知公众法国惩罚性质法律倒行逆施的后果。这些人把自己描述为"无证者",并挑战将他们描述为"偷渡者"的概念,媒体密集的报道提高了该事件的影响力,罗赛洛认为这是一次象征性的胜利,同时也是"社会政治事件的语言分水岭"。

上述研究目的的说明,这些事件突出了种族与再现的重要意义。在这

* 作者哈林德奈斯(Ramaswami Harindranath),澳大利亚新南威尔士大学艺术与媒体学院教授。译者李烨、赵昶竹。

些争议性的事件中，难民和寻求庇护者被描绘为“非法移民”（也就是“偷渡者”这一术语所暗含的意思）。这种表述有其特定的社会需求，表现出政治流动性、好客的自由主义观念和公民身份的意义。不用说缅甸罗兴亚人社区的困境，仅最近对西亚和非洲那些逃离冲突的人们和在欧洲、北美、澳大利亚寻求庇护者的表示和回应就显现出这些问题的持续存在。有悖常理的是，这些问题在欧洲和澳大利亚的竞选和极右派的话语中表现得更为突出。如果这些问题例证了难民人口的相对危险性，驻领殖民地土著人口的困境也指向了沃尔夫（Wolfe，2001）所提到的“种族基本结构”。如果说跨国流动性表现了“难民性”，那么殖民征服和侵占则是原住民性的象征。这篇论文主张两者具有几点共性，包括种族政治、镇压发声、公民权利等问题，以及“全球南方”由谁或由什么组成，我们如何回应远近的苦难。以上几点都与难民问题和土著政策相关。

一些相关的新闻事件针对这篇文章中涉及的一些议题从不同角度提供了例证。2016 年 10 月，《卫报》书评播客主持人克莱尔·艾米特斯泰采访了非裔美国诗人、小说家保罗·比蒂。在采访中，艾米特斯泰提出，比蒂书中的某些文章使作为一个白人女性的她感觉受到了冒犯，尤其是他对“N 字”的使用。比蒂对此回应称，这个词在他的书中有特定的含义，而且这个“可怕的词”的历史能帮助他捕捉时代的痕迹，特别是美国的种族主义和种族歧视的历史、自由主义政治以及表征的问题。2017 年 4 月 25 日，《卫报》接到居住于巴西土著社区的巴西蒙杜鲁库人的电话，对方声称“一个死亡政府正在掠夺我们古老的蒙杜鲁库人居住地，请帮助我们阻止它”，对方还援引了巴西 1988 年宪法，该宪法有一整个章节涉及土著人口相关事务，这是“在大坝工程中保护原住民土地”运动的一部分，这也凸显了土著人口的担忧和其在驻领殖民地生活状况长期被忽视的情况。2017 年 5 月上旬，相互残杀的激烈冲突已经成为澳大利亚主要政党的特征。一位保守党前首相感叹,澳大利亚"官场"显示了所谓的"文化懦弱"。这种"官场"被一种自我怀疑所麻痹,怀疑任何可能被贴上反年轻、反女性、反黑人的标签的事情,而其中最糟糕的一种是反穆斯林。这种形象与澳大利亚殖民化过程中几乎消失的土著人口,以及对侵占土著土地的漠不关心、冷酷无情、不顾"西方文明"的政府表现非常吻合。由于澳大利亚政府所采取的政策的野蛮无视,通过船只抵达的寻求庇护者被赶到离岸拘留营。随之而来的绝望最终驱使拘留营中的一些人采取包括自焚在内的各种形式来自我伤害。

在很大程度上,这些案例反映了本文所探讨的一些问题,包括种族、压迫、文化和政治表达、次等性和传播,以及"声音"的政治。鉴于缅甸等地极右翼言论和种族暴力盛行,人们不需要详细解释当代政治和民族主义形式中种族的持续存在。但是,本文还试图追踪种族政策中的重叠现象,这种现象显示了对难民危机的回应、对待难民和寻求庇护者的方式,以及如何对待土著人口被继续边缘化的现象。以此为基础,本文提出了一些初步的思考。第一,这些重叠说明了帝国构造的不间断影响,尤其是对驻领殖民地的影响。这种影响包含了对难民和土著居民等群体发声的持续镇压,以及我们对这些近乎痛苦的案例的回应。第二,作为这种重叠的经验性的结果,这些群体可以被看作构成"全球南方"的不同类型。因此,本文提出了一些早期的理论干预,从"发声"和"倾听"的角度将跨种族政治和跨文化传播结合起来讨论。

一、难民和原住民经验以及"帝国的残余物"

前文提到的"快照"即发声问题、认知问题和对持续祸害边缘化社区的社会政治变迁的抗争的例证。这些问题成为对民族文化表达、种族和历史动态的自由回应的基础。这种历史动态巩固了管理少数族裔、土著社区和国家边界的相关政策。关于后者，正如格雷戈里指出的一样，寻求庇护者和难民的到来陷入了阿甘本所说的“主权起源谎言”中。因为这质疑了把*出生地*作为单一民族国家国籍的联系性和必然性，从而影响到民族国家的主权空间。如果说难民的形象被理解为对领土和政治一致性的威胁，出生地的谎言则遮蔽和粉饰了国家认同的思想。尤其是在驻领殖民地中，它还同时掩盖了暴力侵占和征用土著土地的行为。这些几乎不可见的土著人的抗争如同那些寻求庇护者越过边界并逃出拘留营的尝试。就像蒙杜鲁库人的祈祷和澳大利亚土著对土地权的持续抗争所明显体现出来的一样，这些几乎隐身的土著人配得上寻求庇护者越过边界并逃出拘留营的尝试。

在一篇最近的关于生存和公民权利的文章中，霍米·巴巴反驳了哈尔特和内格里的观点。后两者将游牧和异族通婚的庆祝活动当作一种积极的、通向解放的“全球公民权利”的进步。巴巴认为，这样一种理想，“如此专注于流动的、没有边界的全球性的世界，而忽视了需要面对的移民、难民或游牧民族不只是循环的事实”。他们需要安定下来，争取庇护或者取得国籍，获得住房和教育，维护经济和文化权利，并且寻求公民的地位。巴巴和查卡拉巴提在研究中十分确信，少数民族、难民、寻求庇护者和移民工人组成了新的低等阶层。但是更为严峻的是，在最近发表的文章中，巴巴认识到这种新低等阶层的生存政治会导致“充分的公民参与”或其公民权利的破坏。正如查卡拉巴提所指出的一样，巴巴对哈尔特和内格里的挑战涉及“逆向思考”的能力，即同时保持动态思考（生存）和静态思考（民主参与）。更重要的是要注意到，尽管殖民地的土著社区人口的生存状况并不取决于他们是否跨越国界，但是游牧和流动的社会低下阶层生活中的固有矛盾在其生活状况中也有明显体现。

格雷戈里关于“关塔那摩 X 射线阵营的非法域外性”(Gregorg:258)的论点与澳大利亚国内被拘留的寻求庇护者以及瑙鲁和巴布亚新几内亚境内难民营中人们的观点一致。这可以扩展到城市中,而不仅限于内地的土著人口。国家主权话语中固有的种族政治将寻求庇护者、难民和亚洲、非洲移民刻画成潜在的破坏国家统一的形象,这种形象刻画也遍及土著社区在政治和经济上的不可见性。正如沃尔夫所指出的那样,“殖民主义在土地上引入零和竞争,而这种相互冲突的生产方式最终不会共存。因此驻领殖民主义的主要逻辑可以概括为‘消灭土著人口’”(Wolfe,2001:868),需要考虑种族在媒体中的再现和对此的回应的背景。

同样重要的是殖民主义、奴隶制、契约劳工的历史与种族主义、种族暴力、边缘化、反移民情绪的蔓延和加强的现代表现之间的联系,它们提供一种虚假的公信力去主张“文化”宣言中的国家认同。

有一些“遗迹和祸根”被斯托勒(Stoler,2008)认为是“帝国的残余物”,如“统治结构的长久性和人们从殖民秩序中逃离的速度的不均衡”,相比其他的词汇,她更偏爱“殖民遗产”一类的词,因为她试图融入“帝国过去和现在之间的含糊地带以及人们被迫去思考的那些他们在不知不觉中被强烈地束缚的感知和实践”。

要求重视难民及土著社区的回应显示出,将种族现实纳入历史性、结构性、体制性等方面的考虑是一种扰人的不情愿和有意的忽视,即“帝国的残余物”——非白人的生命不值一提。

米歇尔(Michelle,2012)的观点较为中肯。他虽然同意阿皮尔把种族当作一种幻想的观点,但他认为只是在某种程度上如此,因为种族不论是在日常中,还是在更深刻的意义上,都是真实的:

> 种族既是幻想，也是抵抗批判性破坏，或是被类似种族、民族、文明、文化等术语替代的现实。事实上，种族作为媒介的概念使我们不必在这些替代性选择之间做决定，让我们能理解种族媒介就像其他媒介一样，是一种幻想和真实的载体。与阿皮尔的主张“世界上没有我们可以要求‘种族’为我们做的事情”相反，米歇尔认为，无论是在现实世界还是语言中，除了我们要求种族为我们做的所有事情之外，便没有其他事情了。

法农对不同形式的种族主义进行了结构性、情感性联系的剖析，在他的研究基础上，米歇尔将种族设想为一种媒介，以便将种族观念及各种表现形式的种族歧视相联系。通过构想“作为媒介的种族”，他认为种族不仅是一个“明显的烙印”（Michelle：12）或表征，也是“一种媒介和一种标志性形式——不是简单地只有表面，而是其本身是一个可以帮助我们了解相关议题的理论框架（如维特根斯坦所认为的那样）或者作为其他事物出现”（Michelle：13）。作为一种“干预物质”，作为媒介的种族“在种族的视觉语言中是最明确的，它不断在‘种族界限’的形象中激发出面纱、屏幕、镜头、脸、镜子、轮廓、线条和颜色等不同形象，及其矛盾融合”（Michelle：13）。无论我们如何在理智上强烈认同种族差异的虚构本质，任何试图说明我们生活在后种族世界里，或者放弃将种族作为一个概念的尝试都是在忽视种族歧视的长期存在，以及我们在日常生活中常常遇到的来自我们同胞、来自体制或来自法律的种族歧视。

对于寻求庇护的人来说，这种种族主义不仅体现在媒介话语和公众对他们的回应中，还体现在技术的官僚化程序中，正如下文所表述的过程：

> “移民未到，印象先达”就是说在移民到达之前，他或她的形象首先以固有印象、搜索模板、分类表格和识别模式的形式出现。在打第一个照面的时候，移民作为一个图像文本到达，而文件先于他或她穿越边界的时刻到达。(Michelle，2012)

对于那些难民或移民来说，他们没有证据证明他们是谁，而且他们本身就在危险之中，因此几乎没有跨越“边界”的希望。一个被地理学家多雷·梅西(Doreen Massey)称为空间的“权力几何”的例子近乎完美地阐释了巴巴在边界警务制度下的两种遭遇之间的根本区别：世界只对掌控世界的人缩小，但是对于流离失所者、被驱逐者、移民或难民而言，跨越边界的距离远远不止几英尺(Gregory，2004)。

拒绝难民进入安全地区意味着他们的不幸经历被忽视，他们因此变得不幸而无力。他们的生命将无限期地被局限于拘留营，原住民的侵入和征服会带来同样的不幸，而这些不幸也几乎被完全忽略。他们将与水电项目、管道等国家设施以及采矿权等所有具有挑战性的土地权利进行持续不断的斗争。与那些生活在贫困线以下的人一样，原住社区居民与那些逃避迫害、战争和环境灾难的人们构成了“全球南方”，一个既稳固又灵活的组织，它包容了受政策与偏见、种族与道德所迫的无法发声的受害者。正如人类学家赫茨费尔德(Herzfeld，1992)所说的那样，在国家的官僚习俗中，特别是在定居殖民地中，这种组织的存在是有道理的。

二、表征和发声

支持反难民和反寻求庇护者的种族政治支持了对这些社区的态度，并支持了国家政策，这就是约翰·加尔通所说的“文化暴力”。由于这种文化暴力，其他类型的暴力也在社会上变得可接受。在他看来，文化暴力构成了“文化的这些方面，这是我们存在的象征范围……可以用来证明直接或结构性暴力的正当性或合法性”(Galtung,1990:291)。人类学家阿尔君·阿帕杜莱在他的著作《恐惧小数》(*Fear of Small Numbers*)中提出了类似的观点，认为民族的道德和人民的观念是“现代自由社会的阿喀琉斯之踵”(Appadurai,2006:4)。在困扰当前全球化世界的各种形式的社会焦虑中，它偶尔会成为激化一个国家内大多数民族矛盾的因素，在暴力中寻求“一种可怕的形式”。其直接后果可能是种族间或文化间的对话或跨文化差异的沟通的破裂，越来越多的人也开始认为这对个人生计和多民族社会的凝聚力有直接威胁。

我们如何理解瑙鲁的澳大利亚拘留营里，伊朗年轻难民奥米德·马索马里和索马里难民胡丹·耶新的自焚行为？作为挫折的表达？作为绝望的最后声明来否认一种声音或任何其他沟通方式？他们的行动印证了佳亚特里·斯皮瓦克(Spivak,1988)的著名文章《下级人士是否可以发声》中所述的布巴内斯瓦丽·芭杜莉于1926年自杀的问题。斯皮瓦克指出，芭杜莉是独立武装斗争的一员，她知道她的死因将被诊断为情绪不稳定。因此，她等待月经来时自杀，以确保她的行为不会被解释为意外怀孕(导致的情绪错乱)(Spivak,1990:307)。然而，尽管采取了这些预防措施，她后来还是被亲人归结为为情而亡。斯皮瓦克在阐释芭杜莉的这一行为时援引了印度父权制和英国帝国法典的例证，它们都是阻碍人发声的典型。在目前的情况下，斯皮瓦克所坚持的恢复对等原则也是难以实现的，因为占主导地位的政治文化加强了特定的参照系，底层人能说话吗？当下层人员说话时，他们能不能被听到或读到呢？斯皮瓦克在1990年就曾宣称，“谁应该倾听”比“谁应该发声”更为重要。

有两个相关的问题现在被看作老生常谈的概念和过时的讨论，需要建立持续的相关性。第一，正如查克拉巴提提醒我们的那样，斯皮瓦克的论文在提供结构主义的批判时，与霍米·巴巴后来的延伸一起，开启了一个转向——把差异视为一个哲学问题，同时否认差异作为身份政治的本质化特征，因为差异性是很难抹平的。其中一个结论就是强调人可以同时拥有两个看似矛盾的身份：一是，维护主体的人类；二是，通过对主体的批判实现对自身形象的认知的人类(Chakrabarty，2012：5)。反过来，这也反映了霍米·巴巴这样的观点，即前面提到的生存与公民权之间的矛盾，它们以不同的方式与难民和原住民社区的经验联系在一起。第二，这涉及最近关于媒体和文化政治中的发声和倾听的讨论(Couldry，2009、2010)。正如克雷里所说，没有相应的倾听行为，“声音”仍然是孤立的，因此在政治上是无能为力的。“声音”的政治应该是“表达和倾听的隐含联系”(2009：580)。此外，库尔德利的观点认为，由于“统治性和次级性不是固有的，而是关系性的表征”，所以“次级性”的概念定义的不是一个主体的存在，而是一个被动的存在状态(1994：649)，这被认为与发声和倾听有关。他还提出了这样一个问题：鉴于次级的和主导的关系性质，有代表性的正义是否涉及积极的分歧？正如杨所指出的那样，这包括“努力确认社会平等的解放，确认群体差异，促进所有群体融入公共生活”(Young，1990：11)。她认为，政治和社会变化只是通过主导性的表现形式出现的，而自由主义者坚持要求的“公平”在提高种族和被压迫的少数群体意识的同时也受到挑战：“当被歧视的群体抓住文化表达手段重新定义自己的正面形象……我认为有时候认识到群体的特殊权利是促使他们全面参与的唯一途径。”(Young，1990：11)

三、相似的痛苦

有关“民族”表征和文化表现形式的几个问题在这里是相关的。它们是针对特定的受众，采用特定的处理模式——社会文化或政治内容，还是像文化产业固有的市场逻辑推动主流文化生产一样？换句话说，这种形式的少数民族传媒代表和其他形式的少数民族文化表现形式是否继续受到刻板印象带来的负面的影响呢？这种形式的代言体现了一种不明确的责任，而这种责任超出了他们所处理的主题。但是，应该指出的是，并非所有的“民族”或新移民群体都被压迫、边缘化或受到虐待，如寻求庇护者、难民和原住社区。

次级机构的讨论需要有表征和发言权的约束。这两个问题在当代的次级表现形式上是一致的，正如政府在正式宣布难民和寻求庇护者的地位和待遇时所表明的那样，官方话语中明显缺乏难民和寻求庇护者社区的日常经验约束。欧洲和澳大利亚对于寻求庇护者缺乏参与和相应的待遇的解决方式是将这作为一个需要处理的问题，这促使这些地区成为典型的跨国主流国家或流动的“全球南方”国家，为受迫害者提供安全庇护。这些寻求庇护者在某些方面与定居殖民地的原住居民有所不同，他们可以被认为是南方根深蒂固的，他们为土地权利和代表性正义而奋斗。将他们联合成一个群体的劣等条件如前所述，因此他们不得不参与为了生存和公民权利而进行的充满矛盾的斗争。这个问题是解决低层次的非互惠承认的问题。次级需求是参与对话，相互承认。这里提到的政治诉求包括承认下层的表达，即在特定的历史和社会地点 ——“表述的地点”中构成次级文化，包括种族主义、经济和社会不平等的各种坐标。因此，这种斗争不仅仅是一个所谓的真实性的问题，而是要具有地方性或透视性的合法性。而且，它还涉及保卫合法的底层文化表达，因为“当主流文化的自我形象在世界历史舞台上与次级文化的自我形象相遇时，前者很容易摧毁所有的下级来为自己辩护，并规定自己的认知模式，作为对次级的问题的回答”(Radhakrishnan，2003)。

由此产生了两个问题，即全球南方的概念和“遥远的痛苦”的概念，以及我们对媒体中的表述的回应。“全球南方”这个术语在与“发展中国家”同义使用时，忽略了南方中的北方和北方中的南方的存在。换言之，它忽略了经济、政治和文化特权的跨国性，以及贫穷、边缘化和剥削的跨国性。“如果‘南’不脱离严格的地理联盟，成为政治和经济剥夺权力所折衷的权力标志，并通过性别、种族和阶级的传统等级分配不平等，那么我们可以在许多地方找到‘南’：北、东、西、南。”(Trager，2014：2)。我对“流动南方”和“扎根南方”的区分建立在特雷泽等人对“偏心的对话”思想的运用上，表明了全球北方与全球南方在权力与无权的跨国循环中的相互作用。

同样，波尔坦斯基(1993)提出的一种政治化的人道主义理论依赖于受害者或受害者与证人、媒体旁观者之间的“距离”，以及如何克服这种距离，靠近媒介表达的中心。正如罗宾斯指出的那样，波尔坦斯基的距离概念可以用来解释在第三世界贫困问题中讨论第一世界的受众：怎样才能使不幸和迫害者之间的联系得以维持(Boltanski，1993：62)？罗宾斯强调了分析沃勒斯坦这样的“世界体系”的重要性，因为“为了更好地指出问题所在，必须知道，这不仅是一种随机的痛苦，而是自然或事故的结果”(Robbins，2012：87)。罗宾斯的建议对于学术辩论和分析是有意义的，但不至于影响社会政治变革。另外，亚拉基的“道德见证”观念同样也基于受众应该感受到的道德观念，以及与受难者建立的感情关系。

所以我们可以这样说，如果不充分参与到政治发声中，作为“帝国的残余物”的一部分的现实固有的持续的结构，以及有问题的国家认同观念、忽视流动的南方和根深蒂固的南方的“价值观”,都使得原住社区居民以及寻求庇护者只能被迫保留其低等地位。

参考文献

APPADURAI A. Fear of small numbers[M]. Durham,NC:Duke University Press,2006.

BHABHA H. Our neighbours, ourselves: contemporary reflections on survival[M]. Berlin: de Gruyter,2011.

BOLTANSKI L. Distant suffering: morality, media and politics [M]. trans. BURCHELL G. Cambridge: Cambridge University Press,1993.

CHAKRABARTY D. Postcolonial studies and the challenge of climate change[J].New literary history, 2012,43(1).

CHOULIARAKI L. Ordinary witnessing in post-television news: towards a new moral imagination[J]. Critical discourse studies,2010(7).

CORONIL F. Listening to the subaltern: the poetics of neo-colonial states[J]. Poetics today, 1994,15(4).

COULDRY N. Rethinking the politics of voice[J]. Continuum, 2009(23).

COULDRY N. Why voice matters: culture and politics after neoliberalism[M]. London: Sage,2010.

GALTUNG J. Cultural violence[J]. Journal of peace research, 1990,27(3).

GREGORY D. The colonial present: Afghanistan, Palestine, Iraq[M]. Oxford: Blackwell,2004.

HARDT M, NEGRI A. Empire [M]. Cambridge, Mass.: Harvard University Press,2000.

HERZFELD M. The social production of indifference: exploring the symbolic roots of western bureaucracy[M]. Chicago: University of Chicago Press,1992.

MITCHELL W J T. Seeing through race[M]. Cambridge, MA: Harvard University Press,2012.

RADHAKRISHNAN R. Theory in an uneven world[M]. Oxford: Blackwell,2003.

ROBBINS B. Perpetual war: cosmopolitanism from the viewpoint of violence[M]. Durham: Duke University Press,2012.

ROSELLO M. Postcolonial hospitality: the immigrant as guest[M]. Stanford: Stanford University Press,2001.

SAID E. Representing the colonized: anthropology's interlocutors[J]. Critical inquiry, 1989(15).

SPIVAK G. The post-colonial critic[M]. New York: Routledge, 1990.

STOLER A L. Imperial debris: reflections on ruins and ruination[J]. Cultural anthropology, 2008, 23(2).

WOLFE P. Land, labor, and difference: elementary structures of race [J]. The American historical review, 2001, 106(3).

WOLFE P. Settler colonialism and the elimination of the native[J]. Journal of genocide research, 2006, 8(4).

YOUNG I M. Justice and the politics of difference[M]. Princeton: Princeton University Press, 2006.

中国与东南亚:
“一带一路”倡议框架下的跨文化交流

◈［马来西亚］雅各比*

导 言

既有研究中,围绕“一带一路”倡议的话语主要关注其带动的全球基础设施建设,以及国家间经济交流带动的地缘政治影响(Ploberger,2017;Summers,2016;Hong Yu,2016),但很少有人讨论这一跨越亚洲和欧洲的宏伟规划所带来的文化影响(Delios,2017)。这也是一个及时的提醒,就像历史上曾发生过的一样——中国与东南亚的古代海上贸易不仅带来了世界各地的货物,还带来了跨文化和宗教的交流,连接了东方和西方。

多元文化主义和跨文化交流,这两个核心概念对于了解中国与东南亚

---

* 作者雅各比,马来亚大学教授。译者陈璐瑶。

多个伊斯兰国家的悠久历史至关重要。多元文化主义承认并重视不同群体对国家的贡献。然而一些国家对多元文化存疑,他们担心这会带来“外国”的概念和想法,使他们的国家偏离原有的进程。在欧洲,多元文化主义往往与移民带来的挑战联系在一起。欧洲右翼民族主义政党,美国、澳大利亚、加拿大、新西兰等国的大型民族主义政党的崛起表明移民问题更加突出(New Statesman,2015)。Rita Chin(2017)在她的《欧洲多元文化危机:历史》一书中指出,西欧面临的挑战是“在欧洲多样性的方式上创造新的思考,而不是拒绝、示威”。虽然西方世界似乎都放弃了对多元文化主义的希望,但东南亚各国的公民接受这些多元化的观念的程度正在提高。

多元文化主义在促进对话的环境中蓬勃发展。具有不同文化背景和世界观的群体之间的所有对话都支持并促进政府与政府的关系以及人与人之间的交流。那么,“一带一路”倡议如何在促进国家间的多元文化主义或文化间对话方面发挥作用?中国如何通过跨文化对话在促进全球理解方面发挥主导作用?

本文将首先简要概述“一带一路”地区的战略潜力,讨论中国面临的全球(重点国家是马来西亚和印度尼西亚)信任问题。然后,本文将提出一些中国主导的全球增长引擎如何使中国和东南亚,特别是马来西亚和印度尼西亚(穆斯林占多数的国家)互利的主张。最后一节将探讨三国之间潜在的合作领域。

中国的“一带一路”倡议跨越65个国家,覆盖世界人口的62%(45亿人),GDP达到全球的40%。65个国家中包含不同的宗教:伊斯兰教、基督教和佛教等。在57个有穆斯林居民的国家中,有30个是穆斯林占多数的国家。这些核心地区包括中亚五国、中东、伊朗、土耳其、阿富汗、巴基斯坦、印度尼西亚和马来西亚(Peyrouse,2016)。当国际货币基金组织的数据

(2016—2021)预测“一带一路”地区的经济增长率为46%时,北美和欧盟的经济增长率分别为24%和10%,这是令人信服的。

在过去40年中,中国经济实现了跨越式发展,中国已成为世界第二大经济体。这种显著的增长使中国成为支撑许多发展中国家投资的最重要的资本来源之一。鉴于中国在基础设施发展方面的成就,许多发展中国家同意与中国合作进行基础设施建设,以促进未来的发展。

中国尽管在中亚和巴基斯坦进行了大量投资,但现在正将注意力转向东盟地区。东盟三国包括中国、日本和韩国。中国也活跃在更广泛的区域集团中,如东亚峰会(EAS),包括东盟十国,以及日本、韩国、印度、澳大利亚和新西兰等国家。马来西亚和印度尼西亚吸引了大量来自中国的资金,用于基础设施建设。中国国家主席习近平在2014年11月在北京举行的亚太经济合作组织(简称“亚太经合组织”)经济峰会上的讲话中指出,“一带一路”倡议“不仅仅是建设道路和桥梁,还是建立不同地方的线性连接。(‘一带一路’倡议)是基础设施、机构和民间交流的三方组合,以及政策沟通、基础设施连通性和贸易联系、资本流动和人民之间理解的五方面进展”。

2016年1月,习近平主席在开罗向阿拉伯国家联盟发表讲话时强调,中国将继续坚定支持中东和阿拉伯国家维护其民族文化和传统,并拒绝任何有关族群和宗教的歧视和偏见。根据Joseph Nye(1990;2004)的说法,软实力是“通过吸引力改变他人行为以获得你想要的东西的能力。”Shashi Tharoor(2012)进一步完善了这个概念,表明一个国家的软实力是基于对其他国家及其人民的“认知”。塔鲁尔认为“行使硬实力,引发软实力”(Tharoor,2012:278)。

中国在发展软实力方面具有巨大潜力,比如中国在142个国家建立了512所孔子学院,推广中国文化和语言,其中包括在“一带一路”沿线的51个国家设立的135所学院(中国日报,2017)。例如,2009年马来亚大学开设了马来西亚第一所孔子学院。在印度尼西亚,哈山努丁大学孔子学院(Pusat Bahasa Mandarin Unhas)一直在致力于促进学生与中国的交流。2011年至2015年,该学院成功派遣了2,000名学生到中国(Rika Theo,2018)。这些机构应发挥更加突出的作用,并鼓励不同信仰群体,特别是伊斯兰教之间的知识话语和文明对话。中国拥有最古老的人类文明,不可否认中国和伊斯兰文明是"世界主要文明,无论是在地域、人口规模方面,还是对其他文明的影响"(Osman Bakar,1997:2)。伊斯兰教与儒家思想之间存在着重要的相似之处。所以,生活在中国的穆斯林以及生活在伊斯兰国家(包括马来西亚和印度尼西亚)的儒家文化者,必须努力找到共同点,以促进这两个群体之间的良好关系。在18世纪,穆斯林作家金天柱在他的著作《清真十一》(纯粹和真正的宗教解释)中提出,伊斯兰教和儒家思想"并不矛盾,而是相互补充"。清镇也指出:"那些只研究穆斯林书籍而忽视儒家著作的人不可能理解真理,反之亦然。人们应该了解双方。"(Lee Cheuk Yin,1997:90-91)。

鉴于有关伊斯兰教和西方文明的文章和辩论已经有很多,现在及时推动对中国和伊斯兰文明的讨论是重要的。因此,中国应该发挥主导作用,为"创建合作机构提供机会,以更关键的方式探索更广泛的知识世界,为'一带一路'倡议提供良好的服务"(Dellios,2017:234)。

中国与东南亚关系中的信任建设

本节就中国主导的全球增长引擎如何对中国和东南亚产生互利提出了一些建议。对于马来西亚和印度尼西亚,存在几个相互合作的领域。

鉴于这是互惠互利的,马来西亚和印度尼西亚都欢迎战略联盟提供的经济机会。总理纳吉和约科维总统曾多次访问中国,并欢迎习近平主席访问自己的国家。对马来西亚来说,其与中国建立外交关系始于1974年5月31日。当东南亚各国领导人仍对中国保持警惕时,总理敦阿卜杜勒·拉扎克就有信心与中国建立战略友谊。(Khoo Kay Kim,2010)

通过连接,“一带一路”为打造教育平台提供了更广泛的途径。马来西亚政府积极推动与中国的教育交流。厦门大学马来西亚分校于2016年建立了第一个离岸校园。大约30%的学者来自中国的厦门大学。继此举措之后,马来西亚将于2021年在中国开设首个海外大学校园,其中70%的大学生来自中国,其余来自东盟国家。自20世纪90年代初以来,马来西亚的公立和私立的大学和学院一直在招收大量的中国学生。同样,马来西亚和印度尼西亚学生前往中国学习的人数也有所增加。据报道,自2010年以来,印度尼西亚的中国学生人数每年上涨10%。在2010年,中国的印尼学生人数就达到了13,700人(PREC Edu Services,2015)。中国政府也采取了一些有关教育的措施,如2017年4月29日在北京启动的亚洲大学联盟,由清华大学主导,其成员来自东南亚国家的知名大学,包括马来亚大学(马来西亚)、印度尼西亚大学(印度尼西亚)和朱拉隆功大学(泰国)。该联盟旨在促进亚洲学生和教师的流动,并促进成员机构之间的合作研究(ICEF Monitor,2017)。马来西亚于2007年在北京外国语大学开设了马来语课程,如今,中国共有8所大学提供马来语学位课程。

此外,两国政府都支持旅游业的发展——这为人与人之间的联系提供了一个重要平台。对于马来西亚来说,中国游客在人数上排名第三,仅次于新加坡和印度尼西亚。同样,包括马来西亚穆斯林在内的穆斯林游客在中国的清真旅游套餐数量也逐年增加。在旅游项目中安排清真旅游具有更大的意义,因为它也为中国提供了进入其他伊斯兰国家旅游市场的机会。

中国和马来西亚的另一个潜在合作领域是外国直接投资。许多商业模式可以作为两国实现互利经济关系的最佳做法,比如马来西亚政府最近提出的建立数字自由贸易区(DFTZ)的倡议,这是由马来西亚数字经济发展局(Malaysia Digital Economy Corp.,"MDEC")与阿里巴巴集团建立伙伴关系后启动的 e-hub 工程。除了政府与政府的合作之外,e-hub 也为私营公司的发展打开了大门,目标是为马来西亚中小企业提供电子商务基础设施服务,并为人们提供与他国人民联系的机会(DFTZ,2018)。这些发展将有助于加强两国文明之间的相互作用。而人们也很关注其对当地公司的影响,因此,阿里巴巴主导的马来西亚数字贸易区必须为两国制造双赢局面。马来西亚政府也不应该允许垄断存在,而是为其他私人企业提供充足的投资机会和类似的服务(Chandran,2018)。

我们必须回顾中国与伊斯兰国家之间的古老关系。"一带一路"倡议提供的机会不仅包括基础设施和连接,还应利用历史关系。如果不提及郑和,中国与东南亚的 15 世纪海上航线是不完整的。郑和受明朝皇帝的委托,担任七次"海军考察总司令",扩大了中国的地缘政治和经济影响力以及伊斯兰教在东南亚的传播。如果中国能够利用郑和下西洋与 15 世纪的伊斯兰国家建立战略伙伴关系,或者说友谊,为什么不在 21 世纪也这样呢?

马来西亚和印度尼西亚采取的"温和"伊斯兰教政策和方法以及反恐斗争将为包括中国在内的外国投资者提供一定程度的保障。考虑到中国在马来西亚的战略政治和社会经济利益,中国可以尝试了解马来西亚在这方面的努力。中国可以与马来西亚的一些组织进行接触,如全球温和派运动基金会(GMM)和吉隆坡新的萨勒曼国际和平中心(KSCIP)。2012 年,当时的马来西亚总理纳吉布·拉扎克在联合国大会上的演讲中提出了 GMM 倡议(Thaib,2013:53-54)。GMM 倡议于 2012 年由东盟通过,并在第 17 届不结盟运动峰会上受到不结盟运动(NAM)的赞扬。该倡议是在马来西亚与沙特阿拉伯双边合作的基础上建立的,旨在促使温和的伊斯兰教成为和平宗教。事实上,从长远来看,中国也可以成为沿着“一带一路”建立和促进伊斯兰国家之间经济和文化联系的统一力量。

结　语

虽然西方被视为对伊斯兰教有敌意,但中国可以为其指明道路。在与伊斯兰教和穆斯林社区的争论中,不应该只看到政府政策。正如本文前面提到的,可以突出和促进孔子思想和伊斯兰价值观的传播。例如,在中国和世界其他地方的年轻人中不断发展的物质主义背景下强调孝道的美德,展示中国新的“人文主义”发展模式,以及对拒绝西美主导模式的看法。Dellios(2017:232)恰如其分地总结了它:“一带一路”的广阔性,体现了深刻的中国哲学——与西方对自主“个体”的关注(孤独的“个体”)不同,中国思想倾向于关注“双方”。

另外,Dellios强调“一带一路”可以展示中国的思想文化,尤其是孔子的思想:就像礼貌一样,目的是展示对对方的体贴。在儒家思想中,这种与“其他相关”的态度也与互惠有关——“己所不欲,勿施于人”。

马来西亚是一个有多元文化、多宗教和多语种的国家,尽管面临诸多挑战,但迄今为止仍成功地管理了其多样化的人口。在马来西亚,超过30%的人口来自中国,他们在19世纪末和20世纪初来到马来亚殖民地,在锡矿厂工作。今天,这些华裔马来人在政府治理方面发挥着重要作用。例如,在之前的纳吉布·拉扎克政府中,马来西亚议会中有13名华人内阁部长和副部长。在44年之后,在由新的联盟领导的新马来西亚政府中,盖关恩被任命为财政部长，槟城(第二富豪州)首席部长周康诺也是华裔。

同进，只有在马来西亚才能看到中文学校遍布全国的景象。根据少数人权利组织报告(1992:13)，毫无疑问，马来西亚在东南亚提供了"最全面的中文教育体系"。令人惊讶的是，新加坡人口中有73.4%是华人，但在1987年取缔了有关中国语言的学校，并将英语作为其主要教学语言(Patrick Ng，2014)。李光耀提出单一学校制度的决定并非没有政治阻力(Lee Kuan Yew，2011)，但对于马来西亚而言，尽管有关语言学校的争论很多，但这些中文学校可以作为马来西亚三个主要种族融合团结的平台。这些学校于1995年推出，在一所学校中设有两三种不同类型的语言学校(马来语、汉语和泰米尔语)，旨在实现国家融合，提升多元文化感。显然，这个独特的平台也有许多缺点。它们的主要愿景是促进多元文化教育和多元文化(Malaklolunthu & Rengasamy，2011:87)，这想法也受益于马来西亚当局的鼓励。在印度尼西亚，华裔使用汉语、印度尼西亚语，并且像马来西亚的华裔一样，在国家经济中发挥着主导作用。

事实上，从长远来看，中国可以作为建立和促进"一带一路"倡议沿线国家的合作与连接的统一力量，特别是伊斯兰国家之间的经济和文化联系。如果中国作为一个参与进来的全球角色，确实可以通过鼓励政府和人民之间的文化间的对话来"讲好故事"。具有未来主义愿景的"一带一路"将成为未来几代人共享的故事，而且我们今天对古代丝绸之路的故事也非常着迷。至关重要的是，包括伊斯兰国家在内的受援国必须具有在公平竞争环境中与中国接触的政治意愿。

参考文献

YEW L K. My lifelong challenge: Singapore's bilingual journey[M]. Singapore: Straits Times Press, 2011.

BAKAR O,NAI C G. Islam and confucianism: a civilizational dialogue[M]. Kuala Lumpur: University of Malaya Press,1997.

CHIN R. The crisis of multiculturalism in Europe: a history[M]. Princeton, NJ: Princeton University Press,2017.

THAROOR S. Pax indica: India and the world of the 21st century [J]. Penguin Global,2012.

YIN L C. Islamic values in Confucian terms: Wang Daiyu (a.1580—1658) and his Zhengjiao Zhenquan (Genuine Annotation of the Orthodox Teachings)[M]//BAKAR O,NAI C G. Islam and Confucianism: a civilizational dialogue. Kuala Lumpur: University of Malaya Press,1997.

PLOBERGER C. One Belt, One Road — China's new grand strategy[J]. Journal of Chinese economic and business studies, 2017(15).

ECONOMY E. China's rise in Southeast Asia: implications for the United States[J]. Journal of contemporary China,2005(14).

YU H. Motivation behind China's "One Belt, One Road" initiatives and establishment of the Asian infrastructure investment bank[J]. Journal of contemporary China, 2016(26).

KIM K K. Reflections on Malaysia-China relations, 1874—1974 [J/OL]. Centre for Malaysian Chinese studies, 23 February 2010.[2017-12-15].http://www.malaysian-chinese.net/publication/articlesreports/articles/852.html.

LEONG P N C. Mother tongue education in Singapore: concerns, issues and controversies[J]. Current issues in language planning, 2014(15).

THAIB L. Muslim politics in Malaysia and the democratization process[J]. International journal of Islamic thought, 2013(3).

PEYROUSE S. Discussing China: Sinophilia and Sinophobia in Central Asia[J]. Journal of eurasian studies,2016(7).

DELLIOS R. Silk Roads of the twenty-first century: the cultural dimension[J]. Asia & the Pacific policy studies, 2017,4(2).

MALAKLOLUNTHU S, RENGASAMY N C. School redesign for fostering multiculturalism in Malaysia: augmenting the "Vision School"[J].Procedia social and behavioral sciences,2011(15).

SUMMERS T. China's "New Silk Roads": sub-national regions and networks of global political economy[J]. Third world quarterly, 2016(37).

LI Y, SCHMERER H-J. Trade and the New Silk Road: opportunities, challenges, and solutions[J]. Journal of Chinese economic and business studies,2017(15).

Alexandra Ulmer and Corina Pons. Venezuela says better oil loans deal reached with China[N/OL]. World News,(2016-05-17)[2017-12-15]. https://www.reuters.com/article/us-venezuela-economy/venezuela-says-better-oil-loans-deal-reached-with-china-idUSKCN0Y71VB.

BROPHY D. China's uyghur repression[J/OL]. Jacobin magazine,(2018-05-31)[2018-12-15]. https://www.jacobinmag.com/2018/05/xinjiang-uyghur-china-repression-surveillance-islamophobia.

CHANDRAN N. Alibaba's "Digital Free Trade Zone" has some worried about China links to Malaysia[EB/OL].(2018-02-12)[2018-12-15].https://www.cnbc.com/2018/02/12/concerns-over-alibaba-led-digital-free-trade-zone-in-malaysia.html.

THEO R. China's Confucius institutes in Indonesia: walking a fine line[EB/OL].(2018-04-18)[2018-12-15]. http://indonesiaatmelbourne.unimelb.edu.au/chinas-confucius-institutes-in-indonesia-walking-a-fine-line/.

LEONG T. Malaysia appoints first Chinese finance minister in 44 years[N]. The straits times,2018.

WIGMORE T. Why are right wing parties thriving across Europe? The resilience of the right in Europe and the Anglosphere.[J/OL]. New Statesman,(2015-10-08)[2017-12-15].htps://www.newstatesman.com/culture/observations/2015/10/why — are — right — wing — parties — thriving — across — europe.

Ilham Tohti, Uighur imprisoned for life by China, wins major human rights prize[N]. The Guardian, 2016-10-11.

Top Asian institutions form New Universities Alliance[N]. ICEF Monitor, 2017-05-09.

Over 500 Confucius Institutes founded in 142 countries, regions[N]. China Daily, 2017-10-07 .

Address by H.E. Xi Jinping,President of the People's Republic of China at dialogue on strengthening connectivity partnership in Beijing, capital of China, Nov.8,2014,China proposes connectivity initiative to sustain Asia's growth[EB/OL].China Economic Net,(2014-11-09)[2018-12-15]. http://en.ce.cn/subject/apec2014/pics/201411/09/t20141109_3873550.shtml.

Speech by H.E. Xi Jinping,President of the People's Republic of China at the Arab League Headquarters,Work together for a bright future of China-Arab relations[EB/OL].(2016-01-22)[2018-12-15].https://www.fmprc.gov.cn/ce/cggb/eng/xwdt/t1335484.htm.

Digital Free Trade Zone, DFTZ[EB/OL].(2018)[2018-12-15].https://mydftz.com/.

PREC Edu Services. Indonesian studying in China increasing in number[EB/OL].(2015)[2018-12-15]. http://www. studyinchina. com. my/web/page/indonesians-studying-in-china-rising-in-number/.

跨文化的民心相通:新闻传播者的文化厚描观

◇ 陈龄慧*

前言:典范转移

20世纪中叶之后,西方知识界积极反思其五百年以来文明发展典范,着手研究"文化他者"议题。西方采取"窄义进化论"的宇宙观视角,将世界分化为"中心-边陲",将文化划分出"适者生存"的"物质自我"中心,将其他异于己者视为文化"他者"(Other,文化"异己"),这是一种带着缺乏平等心缺陷的发展模式,亦是造成今日世界动荡的缘由。

每个族群的文化生成各有异同,因此各族群文化发展模式(paradigm,

* 陈龄慧,法国巴黎第二大学新闻传播学博士,中国台湾台南艺术大学动画艺术与影像美学研究所副教授。

文化典范或范式)亦不同,并且随着时间的变化,形成了我们今日世界多元异质的样貌。对待这些多元异质,重点并不是评断其对与否,而是探究如何通过互相理解进行交流,此交流与理解的动态关系便是文化融合作用,而不是以强大的自己为中心,致力于剥削或将他者消灭、边缘化。

这样的反省与觉悟在20世纪的西方知识界,如哲学、文学、社会、文化研究或艺术领域展开。其中纪尔兹的论述与观念便是建立视野与方法论的利器。他指出,真正的理解便是能够从"原生眼界"、从"文化脉络(cultural context)"本体层次而进行的理解——对自身,亦是对他者。这种能够由本体层次而产生的"见其所见、感同其感"便是真正文化"融合作用"。

这种世纪思想趋向,对于肩负社会讯息交流责任的新闻传播专业,更是一马当先。其议题范畴至少包含两条轴线:一是国家与民族、经济强考与第三世界、全球贫富不均和族群意识议题,并且不只是国家与国家之间,国家之中也存在不同社会阶层与族群的相互对峙;二是原有专业领域的去疆界变化,如全球/地方、经济/文化、艺术/科学,是知识领域的重新整合和与时俱进,而议题深处所碰触的都是文化交融的本体议题。与20世纪巧取豪夺不同,21世纪的强国不只是科学技术先进,而且还是"文化上的强国"——真正推动文化融合,提供平台使异质多元的脉络能够相互认识和理解,并在这一基础上展开交织与对流。此亦呼应新世纪理想——"寻求超越冲突,透过'民心相通'的视角,探寻跨文化敏感、共同感知、移情能力和跨文化能力的路径",以及我们所共同面对的文化融合的典范[①]转移。

西方新闻传播业的肇始与启蒙思想的崛起进程息息相关,从1631年法国第一份周期性《公报》(*La Gazette*)作为现代新闻传播缘起来看,17世纪

---

① 典范(Paradigm)是指引导科学研究或知识论思考研究的共同观点、信念、价值、理论方法或工具等,亦是形塑社会或时代性的集体思维。

的现代新闻与西方启蒙典范同时崛起,注定了新闻、科学与民意的主流力量同步的特性。新闻传播专业一直与时代同步脉动,在新世纪典范变革的现在,也同样需要对专业思维和方法论展开全面讨论。

一、文化"他者"的觉醒

文化"他者"[①]的概念主要见于当代学者萨义德(Edward Said,1935—2003)的著作《东方主义》(*Orientalism*)。"东方主义"亦成为文化批判的专有名词,意指从19世纪开始,西方学院通过对"东方文化"进行大量科学或社会人文研究所构成的一套知识体系。这套体系其实建立在西方人对"东方文化"的误解之上,并不断加强而成为全世界对"东方文化",甚至是东方人自己对"文化"的认知。而这套知识体系中所认知的"东方文化",与其说是地理上位于遥远东方的某种文化实体,还不如说是西方人"文化自我"的投射与沉思。

它成了"西方人的东方",是西方人眼界之下所认知到的东方,成了种种"相对于"西方的想象,最终成为凸显西方自身价值的一种知识建构。它是抽离其文化脉络而刻意建构的"东方",是西方文化建构起来的一个文化"他者",而与东方文化自身没有真实的关系。在这套体系中,真正的"东方文化"是没有声音的,它的人文视野是不见了的。因为这样的知识体系从未深入到东方的主体之中,未深入其人文视野及其宇宙观中,无法真的看到其所彰显的世界,因此无法达到文化上的相互理解,这个世界和社会的种种纷争便无法得到解决。因此新世纪文化融合的主要课题便是对他者进行反省与修正,即从"他者"到"站在他者的位置思考"的典范转移。

---

① "他者"又翻译为"异己",通常以文化"他者"区别于文学写作的他者。

对文化“他者”的检讨,从“统治/被统治”“压迫/被压迫”“表述/被表达”“中心/边陲”所展开的对各种社会文化议题的探讨开始。最有名的例子便是“霍屯督·维纳斯(Hottentot Venus)”[①]事件。这是19世纪初发生在一位南非土著女性身上的真实案例。她被带到欧洲“展览”,研究者以她丰满的身体和臀部结构来比对灵长类动物,证明白人是优越品种。她的器官和骨骸一直到1985年依然保存在巴黎人类博物馆,直到2002年,在南非政府与舆论的要求之下才归还故乡。这位女性与法国大革命(1789年)同一年出生(1810年被带到伦敦),当法国如火如荼开启民主时代的时候,这一事件却成为文化“他者”最不堪入目的案例之一,让人不禁质疑这样的文明到底是进步还是退步。

文化“他者”的讨论不只适用于国家或民族之间,亦被更细腻地运用在对社会主流和边缘的反思中。例如美国女性摄影家阿尔比斯(Diane Arbus,1923—1971)的作品,深深影响了当代艺术。她将所谓“异类”,即社会边缘人、侏儒、变装人、变性人、巨人、过气舞女、怪人等作为摄影视觉主体,这些被边缘化的“他者”不再是被观察的“客体”,而是正用他们的专注坦率直视着“我们”这些所谓的“社会正常人”。[②]

基督教宗教领袖梵蒂冈教宗约翰·保罗二世(Paulus PP. II,1920—2005)分别于1992年和2001年,为教会五百年来给美洲原住民带来的痛苦经历,为传教士与中国沿海战乱有关的殖民行为道歉。对于文化“他者”的反省,并不只是“东方/西方”的问题,更是不同文化族群、不同宗教信仰的问

---

① 这位土著女性有名有姓,被拐骗到伦敦做展览和科学研究的样本,“霍屯督·维纳斯(Hottentot Venus)”是她到伦敦后被冠以的名称,霍屯督是欧洲白种人对非洲黑人的蔑称。

② 魏光莒,陈龄慧.影像主体与文化他者[M]//单波,石义彬,刘学.新闻传播学的跨文化转向.上海:上海交通大学出版社,2011.

题。不同区域特性的文化省思,是21世纪人类社会必须共同面对的课题,亦是文明是否能够提升的关键。在这个时代议题之下亦包含与现代社会的建立和进步息息相关的新闻传播。

二、文化脉络与"从原生眼界的理解"

纪尔兹的文化人类学理论强调,文化研究不能只从文化的外在现象去归纳一些可以重复实验或与其他文化体系作比较的通则,而是要发掘文化现象的深层意义。他认为,一个民族的文化特征不论在外人看来多么光怪陆离,或多么与众不同,若能从原生住民的视角深入去观察和理解,往往可以获得"了解人类共通的人情和人性的最有教育价值的新发现"。这样的深度观察乃是通过语言及其他象征符号(如绘画、音乐、舞蹈、祭祀仪轨等)所建构的"符号网络"(web of symbols)来进行的。因此在纪尔兹看来,文化代表着一套能创造意义的象征符号系统;正如蜘蛛吐丝织成一个绵密复杂的网络,其目的在于捕捉猎物一样,人类使用语言等象征符号建构"符号网络",其目的在于捕捉社群生活中不可或缺的生存意义,而人类就像是悬吊在文化织网里寻找意义的生物。文化分析不能只分析片段化的文化活动、事件或行为模式,而应从整体的文化脉络,以及从原生住民的眼界去理解其深层意义。作为文化重要一环的新闻传播领域,当然也是一个符号系统,其功能是要在"人类内心建立强有力的、包含甚广的以及长久持续的情操"。文化研究者为了与异文化的原生住民对话沟通,并且进入他们的观念世界,采用这种符号学的研究进路是极有必要的。[①]

纪尔兹的学说突破了主体与客体对立的思考方式,即文化研究者不应

① GEERTZ C. The interpretation of cultures[M]. New York:Basic Books,1973:5,89.

将自己和研究对象视为“主体”(subject)和“客体”(object)的对立立场或心态。他们应该具备学术基本训练和素养,能够进入和理解其所研究的原生文化和住民的文化脉络,能够从他们的视点来理解原生文化的深层意义,这种研究方法可说是开启了人类学的新视野,也是重要的当代人文科学方法论。纪尔兹主张从“文化脉络”以及“从原生眼界的理解”来看待文化,这是对当今文明发展的一剂良方。兹归纳其要义,整理说明如下。

(一)从原生眼界的理解

想要理解他者,就不能将他们的经验安置在一个固定框架中去审视,而必须将既定概念(preconceptions, 即成见)摆在一边,从他们自己对“何谓自我”的理解中去看待他们的经验。[①]

16 世纪以来西方主流典范是透过西方人自己的文化角度去认知整个世界,忽略了人或事物皆有其“脉络”——文化的和传统的。这种将人或事物抽离其所属脉络,另外运用一套自己设定的理解模式去认知其他文化的做法,是纪尔兹所不能苟同的。

纪尔兹提出的“从原生眼界的理解”包含三个面向:

(1)首先我们必须察觉人类近几百年的主流知识是被建构在一种特定模式之下的,即“西方中心”的观念。这种观念认为西方的文化是唯一值得发展的文化形式,并且具有普适性,而将不同于此的文化归类为落后而必须被改造的文化,这似乎要把人类文化导向一个标准化的发展过程。对于这样的认知模式——认为文化有优劣之分和必须标准化的概念框架,如果能够察觉其谬误,能够“将既定概念(成见)摆在一边”[②],便是文化观念的突破。

① 纪尔兹.地方知识:诠释人类学论文集[M].杨德睿,译.台北:麦田出版社,2002:89.

② 纪尔兹.地方知识:诠释人类学论文集[M].杨德睿,译.台北:麦田出版社,2002:89.

这与胡塞尔现象学主张把一切既定概念"放入括号,存而不论"的道理类似,其目的在于避免偏颇和扭曲的认知。

(2)对"文化"的定义恢复到应有的深度,重新建立对文化的理解方式,以"从原生眼界的理解"取代偏颇的理解模式,回归到从文化持有者的视角去理解他们的文化,去体会他们所经历的世界,也就是对文化的真正理解必须建立在能够"见其所见、感其所感"的基础上。纪尔兹提出的这个创见,是对过去几世纪以来"西方中心"观念的直接翻转,亦可视为现象学"放入括号,存而不论"的具体实践。

(3)文化是一种"文化脉络"的概念,如何能够"见其所见、感其所感"是有实践方法的,即实践"民心相通"的方法论,也就是所谓的文化敏感、共同感知、移情能力。如纪尔兹所言:"文化的概念代表着历史传承下来的、体现在象征符号中的意义模式,它是一个以象征形式来表达的代代相传的观念系统,借由这个系统,人类才得以沟通、延续和发展他们对生活的知识和态度。"①这个象征形式的系统即文化脉络的概念。② 通过象征符号或象征形式所探索到的是对一个民族的文化深层意义的理解,这些深具意义的象征符号或象征形式构成了"文化脉络",也就是说"见其所见、感其所感"的实践是

---

① 笔者译自 GEERTZ C. The interpretation of cultures[M].New York:Basic Books,1973:89. 原文如下:"The culture concept...denotes an historically transmitted pattern of meanings embodied in symbols, a system of inherited conceptions expressed in symbolic forms by means of which men communicate, perpetuate, and develop their knowledge about and attitudes toward life."

② GEERTZ C. The interpretation of cultures[M]. New York:Basic Books, 1973:89.原文如下:"The culture concept...denotes an historically transmitted pattern of meanings embodied in symbols, a system of inherited conceptions expressed in symbolic forms by means of which men communicate, perpetuate, and develop their knowledge about and attitudes toward life."

能够通过知识学术的训练,进入“文化意义织网”去理解研究对象所处的“文化脉络”的。

(二)文化脉络:一种探索意义的解释学

从他们自己关于“何谓自我”的理解中去看待他们的经验。[①]

“文化脉络”的概念是从原生眼界理解文化的基础,是“找出各个地方的人民确实用来对自己和对其同胞们表达自己的象征形式——词汇、意象、制度、行为”[②]并加以分析。这种对“对自己和对同胞们表达自己的象征形式”的分析与归纳便是梳理文化脉络的根据,是文化诠释学,也是文化能够成为“本体”(ontology)分析或解读的研究方法的原因,这是文化人类学所开展的对“文化”的重新理解。

通过词汇、意象、制度、行为而能够了解文化脉络构成的研究,不一定只存在于结构严谨的知识或学术体系,也见于民间生活之中,如宗教、民俗、地方知识、艺术等。从纪尔兹的著作中可以看到,宗教、民俗、艺术、常识、节庆等被视为文化脉络的一环,它们看似无法清晰归类的片段,但这正符合生活世界(life-world)流动和多样的特性。与其说纪尔兹开创了新的人类学,不如说他提出了一套重新回到“人”本身的研究思维和方法。不再将生活世界的细节“溺毙”于刻板认知之中,必须要从这种“M(Man)大写”式的,所谓现代理性主义知识体系所设定的认知世界的方式,回到“m(man)小写”的、民

① 纪尔兹.地方知识:诠释人类学论文集[M].杨德睿,译.台北:麦田出版社,2002:89.

② 纪尔兹.地方知识:诠释人类学论文集[M].杨德睿,译.台北:麦田出版社,2002:88.

间的、活生生的、充满不同纹理的多样化的人类。[①]

不只是西方学者，相应的道理也可见于中国美学家李泽厚对儒家“深层”结构的见解：

> 所谓“深层”结构，则是“百姓日用而不知”的生活态度、思想定势、情感取向；它们并不能纯是理性的，而毋宁是一种包含着情绪、欲望，却与理性相交绕纠缠的复合物。[②]

李泽厚的“深层”结构与“m(man)小写”说法不谋而合，也提到所谓“表层”结构即属于“M(Man)大写”的政教体系、典章制度等。要理解文化，就不能将理解对象的经验安置在一种固定的模式上去审视，一个民族的深层结构往往都是透过庶民生活中的“老生常谈，及人们常讲的国民性、民族精神、文化传统等”[③]表现出来的，这些是属于他们自己用来表达“何谓自我”的方式或经验，是属于“m(man)小写”的，不只是见于理性形态或知识-权力系统的“M(Man)大写”之中。

(三)“文化厚描”(thick description)：重新理解“人”的研究思维和方法

在“从原生眼界的理解”(“见其所见、感其所感”)基础上将事物回归至

---

① GEERTZ C. The interpretation of cultures[M]. New York: Basic Books, 1973: 51.原文如下：“In such an approach, however elaborately formulated and resourcefully defended, living detail is drowned in dead stereotype: we are in quest of metaphysical entity, Man with a capital ‘M’, in the interests of which we sacrifice the empirical entity we in fact encounter, man with a small ‘m’.”

② 李泽厚.由巫到礼 释礼归仁[M].北京：生活·读书·新知三联书店，2015：176.

③ 李泽厚.由巫到礼 释礼归仁[M].北京：生活·读书·新知三联书店，2015：176.

其所处“文化脉络”，其中观察到的，如“老生常谈，及人们常讲的国民性、民族精神、文化传统等”[①]看似缺乏系统性，却能使一个民族文化的深层意涵得到解释和描述，这即“文化厚描”：一种探索意义的解释学。关于“厚描”与“浅描”(thin description)的对比，“浅描”受制于现代西方把文化现象“片段化”的思维典范，忽略人或事物有其“脉络”，只认知事物的“外在”范畴，如此一来，对事物的理解被简化为表层现象，外在形式成为唯一的探索途径。

对照之下，“厚描”则是纪尔兹所提出的文化理论，包含属于本体范畴的“心灵的”“存有深刻感受”“安身立命的宇宙观”“文化模式”等，将对文化的思考放置在“一种能够判断事物对于环绕其四周生活的意义的科学”，[②]一种“转译”(文化诠释)的训练中。这贴近社会议题的特性，更是属于“m(man)小写”式的——“进行文化深描可能如同分析一首隽永的诗一样”[③]。

对于新闻传播或是文化纪录工作而言，从文化“他者”的觉醒到“从原生眼界的理解”是为了能够具备“文化厚描”的能力——一种探索意义的解释学。

三、“文化厚描”是新闻传播领域从业者的软实力

文化厚描观念可以从心理分析家海因兹·柯胡(Heinz Kohut，1913—1981)所提出的“经验亲近”(experience-near)与“经验疏远”(experience-distant)的差异来理解。所谓“经验疏远”，是指专家、学者对田野对象进行专业研究，符合科学、学理、标准和固定的学术规范。而“经验亲近”往往指田野

① 李泽厚.由巫到礼 释礼归仁[M].北京：生活·读书·新知三联书店，2015：176.

② 纪尔兹.地方知识：诠释人类学论文集[M].杨德睿，译.台北：麦田出版社，2002：155.

③ “深描”即指“厚描”。

对象很自然地,不假思索、理所当然地说明对象(或对象之间互相陈述时)所看到、感受到、想象到的是些什么。[①]

以下是两个例子:例一,美国纽约某个博物馆以艺术品的方式与定位,正在展出非洲土著传统面具。适逢该族文化交流团队受邀参观,看到展览便不约而同静默于面具前,个个表情恭敬肃穆,原来这些面具是他们祭祀祖灵的神圣物件,这就是"经验亲近"概念。而前者将面具视为雕刻"艺术",则是一种"经验疏远"概念。例二,关于鲸鱼会从海中集体上岸并搁浅的现象,海洋专家或生态人士会以保护生物的观点来理解和应对;而自称祖先是骑乘鲸鱼而来的毛利人则认为,鲸鱼上岸是毛利祖灵回应后代有灾难时的唤请,鲸鱼是祖灵的使者。相对之下,前者是"经验疏远"概念,后者是"经验亲近"概念。类似于面具是非洲土著祭祀祖灵的神圣物件,鲸鱼是祖灵的使者的这种"经验亲近"概念,即上述所谓"从他们自己关于'何谓自我'的理解中去对待他们的经验"[②]的理解方式。这种对事物和现象理解方式的改变,不只是针对文化定义,而是"思维典范"的一种变革。文化是具有象征特性和可解释性的交融体系;文化不是一种作用力,不是造成社会事件、行动、制度或过程的原因,而是一种这些社会现象可以在其中得到清晰描述的脉络。[③]

这两种经验概念层次不同,不是两极对立必须摒弃另一方,重要的是如何在报道或记录时,兼备两种内外层次,也可以用来处理与记录对象之间关系的拿捏:"这种区别不是规范性的,一种概念并不优于另一种概念。局限于'经验亲近'概念,会使一个民族学家被直接的事物所淹没,同时搅缠在地方俚语之中无法自拔。而局限在'经验疏远'概念,则会使他搁浅于抽象之

---

① 纪尔兹.地方知识:诠释人类学论文集[M].杨德睿,译.台北:麦田出版社,2002:85.

② 纪尔兹.地方知识:诠释人类学论文集[M].杨德睿,译.台北:麦田出版社,2002:89.

③ 格尔兹.文化的解释[M].纳日碧力戈,等译.上海:上海人民出版社,1999:16.

中,为专业术语所窒息。"[①]例如不要把一份关于巫术的民族志写得像神话,或是排除"经验亲近"的部分而无法彰显那个民族的独特性。

重要的是在面对每个案例时都能够部署运用这两类的概念,产生恰当诠释——把握对其他民族而言属于"经验亲近"的事物,以便掌握每个个案的独特性;"并且对其了解的程度充分到足以将之安置在具有说明效果的联结之中,使之扣连到理论家为掌握社会生活之普遍性特征所塑造出来的'经验疏远'"[②]。兼备"经验亲近"和"经验疏远"概念就是"文化厚描"——如何从原生眼界里理解,并且对其了解的程度充分到足以将之安置在具有说明效果的外在表述联结之中。这不只是素养或伦理的范畴,而是涉及专业"软实力"的建立。

图 1 整理自纪尔兹《艺术乃一文化体系》中提出的关于"厚描"和"浅描"的内涵和对比。[③] "浅描"受制于现代西方"片段化"角度去认知整个世界,忽略人或事物是有其"脉络"的,如此对艺术作品的理解被简化为纯粹的形式与线条,而这些失去文化脉络的"外在"范畴,被一再扩大为抽象化的美学,成为所谓的"纯艺术"(art for art)。

"厚描"则既是一种艺术理论,也是文化理论——"唯先参与到我们称之为'文化'的普及性象征形式体系中,方才可能参与我们称之为'艺术'的特殊象征形式体系"[⑤]。如图 1 所示,"心灵的""存有深刻感受""安身立命的宇宙观""文化模式"等属于本体论范畴,将无论是对艺术还是纪录片制作的思

① 纪尔兹.地方知识:诠释人类学论文集[M].杨德睿,译.台北:麦田出版社,2002:86.

② 纪尔兹.地方知识:诠释人类学论文集[M].杨德睿,译.台北:麦田出版社,2002:86-37.

③ 图 1 中"深描"即指"厚描"。

④ 资料来源:纪尔兹《地方知识:诠释人类学论文集》,陈龄慧绘制。

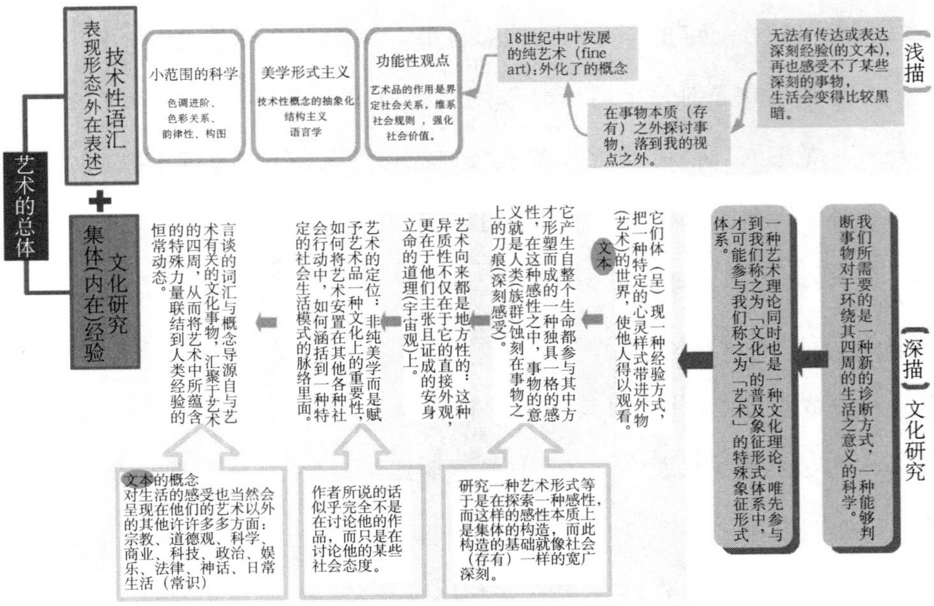

图1　对艺术的理解方式[1]

考放置在“一种能够判断事物对于环绕其四周生活之意义的科学”[2]——一种“转译”(美学诠释)的训练上。[3]

《舌尖上的中国》是一个很恰当的例子，这个由中国自制的美食纪录片，不仅引起了广泛回响，也获得了国际注目与好评。美食纪录片历来并不少，以中央电视台制作的《中国美食探秘》和英国BBC制作的《发现中国：美食之旅》为例，前者通过烹饪技巧、食材和食器，探究中华美食文化的博大精深，后者希望通过最地道的美味，向西方世界展现不一样的中国。而《舌尖上的中国》的制作团队并没有这么宏大的目标，“我们拍摄的不是名厨名菜，而是

---

① 纪尔兹.地方知识：诠释人类学论文集[M].杨德睿，译.台北：麦田出版社，2002：155.

② 纪尔兹.地方知识：诠释人类学论文集[M].杨德睿，译.台北：麦田出版社，2002：155.

③ 纪尔兹.地方知识：诠释人类学论文集[M].杨德睿，译.台北：麦田出版社，2002：170.

普通人的家常菜”[①]。节目中展示的人与食物之间的故事或关系,往往亦是人与世界之间的关系——一种表达所经历的和理解世界的方式。这便是“民以食为天”中,民、食、天关联中价值观与情感的“深厚描写”(文化厚描),这也是《舌尖上的中国》如此触动人心的原因。

《舌尖上的中国》所涉及的不只是对食物的介绍,而是表达出已经内化在“如何吃”“吃什么”之中的文化脉络。因此,对一个田野对象或报道的文本来说,其主要的取材分析并不只是来自于研究对象自己陈述的那些报告内容,[②]更是来自于对他们视点的解释,理解他们的理解,他们透过与食物的关系表露出的生活态度、生命定义和价值观念。他们与食物的日常关系是他们的微型世界观。对于“民以食为天”的中国人来说,“食”是这个民族表达深刻感受的象征文本,这就如同刻画在岩壁上的图腾或皮肤上的刺青,是他们存有意义的轨迹与传承。坚持做馍馍的陕北伯伯,几十年一成不变的和面程序和清晨中的叫卖声是他的生活仪式,劳动和辛勤是他的人生价值观和“社会态度”。工业社会变迁下家庭结构也在变化,夫妻分离两地,妻子不得不单独陪伴小孩读书;父母离异,孩子只能四处为家;年轻夫妇外出打工,只能与孩子分隔万里。他们都曾或多或少地“凭借”或“透过”食物这个媒介,将其作为“确实用来对自己和对其同胞们表达自己的象征形式”——家乡味。无论全球化如何模糊国界区域,它通过建立于“日常”的深刻,通过“生活”的重复,不断实践唯一可用来确认的身份认同。

将文化厚描从人类学引至影像传播与记录工作,是非常贴切合宜的。影像的非文字和贴近社会议题的特性更是属于“m(man)小写”式——“进行

---

① 姬少亭,王珏玢.《舌尖上的中国》讲述中国百姓与食物的故事[EB/OL].(2012-05-27)[2018-12-15].https://news.qq.com/a/20120527/000546.htm.

② 纪尔兹先生原文翻译。

文化厚描可能如同分析一首隽永的诗一样”。纪尔兹曾如此比喻:“想要去理解原生视点内心生活的形式与压力,比较不像是要去达成心灵的感通,而是比较像是去掌握一句谚语、领会一个暗喻、看懂一则笑话,或者如我曾提议过的:读懂一首诗。”[①]

结论:能够理解“原生眼界”的“厚描”是新闻传播工作的素养与实力

纪尔兹的创见至少为我们提供了两个面向的思考:

其一,将“被记录”回归至其所处的“文化脉络”,超越虚构的“个人”“个体化”的角度而认知的世界,停止忽略人或事是兼具“文化脉络”和传统的,避免将“记录对象”抽离所处脉络,而是回归至其所处的文化传统之中去认识。首先找出蕴含的那些共通性(文化脉络),即通过他们共同内在经历(非意图设计的,也不一定自己自觉于此的),投射或呈现在他们“赖以凭借”的表达方式之中(象征形式、图腾符号、传统文化、宗教仪式庆典、生活习俗等),理解他们的理解;在此基础之上,分析或是重构他们所经历的世界。

其二,“从原生眼界的理解来看”便是落实尊重不同文化体性的社会实践。通过对“报道、记录”的反身思考,报道或记录之中,兼存着他者的文化脉络。他者的文化在我们的镜头之下,并不以一种客体被对待,而是一种主体经验的交互作用,即所谓的互为主体性或互文性[②](inter-subjectivity)的实践:原来这个世界存在和被理解的本质是一种互为主体的方式。如此便能解决长期以来讨论纪录片作者出发点的问题,过去我们总是在记录者或被

---

① 纪尔兹.地方知识:诠释人类学论文集[M].杨德睿,译.台北:麦田出版社,2002:103.

② 陈龄慧.传播与思想刍论[M].台北:懋荣出版社,2002.

记录者、拍摄者或被摄体的“相对”关系中纠结,因为此即“西方主客体二元化”谬误的延伸。一个纪录片工作者的新世纪功课,便是“从原生眼界的理解来看”,从而能够“厚描”并实践文化互性即文化之间的相互理解与融合。

参考文献

格尔兹.文化的解释[M].纳日碧力戈,等译.上海:上海人民出版社,1999.

格尔兹.尼加拉:十九世纪巴厘剧场国家[M].赵丙祥,译.上海:上海人民出版社,1999

纪尔兹.地方知识:诠释人类学论文集[M].杨德睿,译.台北:麦田出版社,2002.

李泽厚.由巫到礼 释礼归仁[M].北京:生活·读书·新知三联书店,2015.

陈龄慧,等.批判理论与影像艺术研讨会论文集[C].台南:台南艺术大学音像艺术管理所,2007.

魏光莒,陈龄慧,等.新闻传播学的跨文化转向[M].上海:上海交通大学出版社,2011.

GEERTZ C. The interpretation of cultures[M]. New York:Basic Books,1973.

GEERTZ C. Local knowledge: further essays in interpretive anthropology[M]. New York:Basic Books,1983.

INGLIS F. Clifford Geertz: culture, custom and ethics[M]. London: Polity Press,2000.

跨文化传播视野下的多元文化主义理论反思

◇肖 珺 王 桐*

从理论发展脉络观之,"多元文化主义"(multiculturalism)理论的前身是"文化多元主义"(cultural pluralism)。早期的"文化多元主义"理论起源于美国,其目标是追求一种隔离状态下的种族平等。① 伴随着黑人民族运动及相关社会思潮的发展,"多元文化主义"逐步演变为区别于"文化多元主义"的理论,引申出平等、尊重差异、认同和包容等价值理念,成为多元主义(pluralism)的新兴文化表达,加拿大、澳大利亚、英国、法国、德国等西方国家纷纷宣布实施"多元文化主义"政策,使得这一理论演变为西方主要国家处理移民等问题的政治思想。其后,信息化资本主义驱动下的全球化浪潮

* 肖珺,武汉大学媒体发展研究中心研究员、武汉大学新闻与传播学院副教授。王桐,武汉大学新闻与传播学院 2016 级硕士研究生。

① 单波.跨文化传播的问题与可能性[M].武汉:武汉大学出版社,2010:246.

拓展了"多元文化主义"理论及政策的疆界，其从聚焦移民问题的文化理念发展成为国家内部处理民族、种族多样性的政策和法规，后又延展为国际交往的基本理念和实践方法，逐渐成为各国普遍了解和接受的理论思想。

与此同时，网络社会又在某种程度上消解着"多元文化主义"理论的权威性，流动空间和无时间之时间构筑的多维时空关系使得新的以文化属性为基础的共同体不断生成和裂变，依托多民族及多种族国家产生的"多元文化主义"理论正在面临前所未有的挑战。人们看到，"多元文化主义"似乎无法解决当代社会，特别是"后 9・11 时代"世界性的文化冲突，不论是丹麦主流报纸《日德兰邮报》的漫画风波①，还是法国颁布"布基尼禁令"②引发的争议，抑或是美国总统特朗普签发"移民禁令"③遭受民众抗议等事件似乎都表明"多元文化主义"理论正遭遇西方国家社会的质疑。此外，欧洲世俗主义与伊斯兰保守价值观之间无法协调的问题愈演愈烈，2017 年 10 月，欧洲保守派学者和批评家发表的联署声明 *The Paris Statement: A Europe We Can Believe In*④ 对"多元文化主义"予以强烈的批判。

---

① 单波，肖珺.文化冲突与跨文化传播[M].北京：社会科学文献出版社，2015：266.

② 布基尼(burkini)由长裤与带穆斯林头巾的长衫组成，是符合宗教要求的女性泳衣。它的功能类似比基尼(bikini)，但仍属于长袍(burka)范畴。2016 年 7 月 28 日，法国戛纳宣布禁止在海滩上穿着布基尼，随后越来越多的法国东南部城市也相继颁布同样的禁令。8 月 19 日，尼斯市下令将布基尼驱逐出它的"蔚蓝海岸"。2016 年 8 月 26 日，法国最高行政法院(Conseil d'Etat)裁定，蓝色海岸城市卢贝新城(Villeneuve-Loubet)暂停实施备受争议的布基尼禁令。

③ "移民禁令"全称"阻止外国恐怖分子进入美国的国家保护计划(Protecting the Nation from Foreign Terrorist Entry into the United States)"，是由美国总统特朗普于 2017 年 1 月 27 日签署的一项行政命令，禁令具体内容可见：https://www.whitehouse.gov/the-press-office/2017/01/27/executive-order-protecting-nation-foreign-terrorist-entry-united-states。

④ 具体内容可见：https://thetrueeurope.eu/。

"多元文化主义"缘起跨文化传播的实践需求,移民、种族等国家内部的冲突性、发展性等问题成为理论形式的现实土壤,其后,全球性的迁移、网络社会现实与虚拟场景的融合等各种新兴传播形态与社会变迁拓展了跨文化传播的广度和深度。跨文化传播的终极关怀是在多元文化认同的基础上,实现文化融合,最终达到和谐的最高价值理念,[①]"多元文化主义"在某种程度上是跨文化传播的理论源泉之一。理论演变和现实挑战表明,"多元文化主义"理论自身的合法性、局限性、创新与发展需要人们进一步反思与建构。本文的目的在于将跨文化传播视野更多地聚焦于国家和地区的比较,试图从不同国家、地区的多元文化主义理论研究和实践中呈现这一理论的多样性理解和争议。

一、多元文化主义理论的起源与主要观点

(一)从文化多元主义到多元文化主义

多元文化主义由文化多元主义发展而来。1915 年,犹太裔美国哲学家哈里斯·凯伦(Horace M. Kallen)首次提出了文化多元主义观点。[②] 在此之前,美国主流社会一直盛行用"熔炉论"(melting pot)[③]的方式作为美国移民

---

① 肖珺.新媒体与跨文化传播的理论脉络[J].武汉大学学报(人文科学版),2015(4).

② 单波.跨文化传播的问题与可能性[M].武汉:武汉大学出版社,2010:246.

③ 1909 年,犹太裔英格兰移民伊斯雷尔·赞格威尔在其剧本《熔炉》(*The Melting Pot*)中提到了"熔炉论",使得这一民族同化理论迅速走向大众。ZANGWILL. America is a great melting pot[M]//T O' NEILL(ed). Immigration, opposing viewpoints. San Diego: Greenhaven Press, Inc. 1992: 46. 转引自姚建军.试析美国"熔炉论"理想与现实之间的悖论[J].世界民族,2011(2):40.

政策的主导。[①] 凯伦认为，这种“美国化”“熔炉论”并不完全符合社会现实，每个移民族群都具有保持其文化传统、生活习惯、宗教态度、公共制度等倾向，美国应该促进多样性的文化融合，“成为各族文化的联邦”[②]，而不是弥合种族差异。区别于之前的文化多元主义熔炉论，文化多元主义的理论贡献是其强调了尊重种族差异，但其理论缺陷也逐渐凸显出来：一则，文化多元主义理论所涉及的种族都来自欧洲，美国黑人并不在此范围内；二则，文化多元主义理论因为过度强调差异，使得文化多元主义成为种族隔离的方案。

（二）多元文化主义的发展阶段

学者们逐渐意识到了文化多元主义实际上存在缺陷，其并不能完美地解决移民过程中出现的各种问题。随后，伴随着黑人民族运动和民权运动[③]的发展，多元文化主义逐渐产生。有学者指出，文化多元主义倾向于在主流文化中容忍少数族群的文化，多元文化主义则强调各族群的差异权利以及多种文化融入一个共同体内的均等性。[④] 在欧洲，多元文化主义兴起于20世纪60年代，由于经济发展使得劳动力缺乏，战后殖民体系瓦解，这导致土耳其和摩洛哥等国的外来务工人员开始移居到西欧国家，法国、德国、英国等国家也吸纳了大量的殖民地劳动力。[⑤] 欧洲国家试图通过多元文化主义来维护西欧民族和外来移民之间的文化差异，例如尝试通过双重国籍、补贴少数民族协会等方式解决多元文化间的冲突问题（Winter，2010；Vertovec，2010；Rattansi，2011；Moran，2011；Richter，2011；McLaren，2012；Kym-

---

① 陈伟杰.多元文化主义下的华人移民融入英国问题研究[D].北京：外交学院，2016：10.

② 鲍永玲.欧洲难民潮冲击下的多元文化主义政策危机[J].国外社会科学，2016(6)：68.

③ 王希恩.多元文化主义与马克思主义民族理论的两点比较[J].科学社会主义，2010(2)：1[illegible].

④ 鲍永玲.欧洲难民潮冲击下的多元文化主义政策危机[J].国外社会科学，2016(6)：68.

⑤ 莱辛斯卡.移民与多元文化主义：欧洲的抵制[J].宋阳旨，译.国外理论动态，2016(1)：86.

licka,2012)。1971 年,加拿大成为第一个将多元文化列入政府纲领的国家(Bonnie,2016),多元文化主义被视为同化政策的积极替代方案。从 20 世纪 70 年代中期开始,多元文化主义政策开始从重欧导向转变为重视有色族群。[①] 到了 20 世纪 80 年代,欧洲外来族群的第二代、第三代已经逐渐成长起来,民族多元化成为既定事实,多元文化主义也随之进入了制度化的阶段。[②] 此时,欧盟多数成员国也将多元文化主义纳入官方政策,法国、德国、英国等主要欧洲国家也分别于 1981 年、1989 年和 1997 年宣布实施多元文化主义。[③]

(三)多元文化主义的内涵

与此同时,多元文化主义的内涵也在发展中不断得到丰富。2011 年,德国学者斯蒂芬·维尔托维奇(Steven Vertovec)梳理了实施多元文化主义的数个主要国家(尤其是澳大利亚、加拿大、美国、英国、瑞典和荷兰)采取的政策,他指出这些政策尽管在不同国家有所区别,但都包括政府认可、教育、必要机构的培训及信息服务、宣传材料、法律、宗教包容、食物以及广播与媒体等方面。[④] 2012 年,加拿大学者威尔·金里卡(Will Kymlicka)总结了赋予移民新型的多元文化公民身份可能包含的 8 项政策。[⑤] 2013 年,澳大利亚阿

---

① 梁浩翰.21 世纪加拿大多元文化主义挑战与争论[J].陈耀祖,译.广西民族大学学报(哲学社会科学版),2015(2):42.

② 梁浩翰.21 世纪加拿大多元文化主义挑战与争论[J].陈耀祖,译.广西民族大学学报(哲学社会科学版),2015(2):42.

③ 陈伟杰.多元文化主义下的华人移民融入英国问题研究[D].北京:外交学院,2016:13.

④ 维尔托维奇.走向后多元文化主义?变动中的多样性共同体、社会条件及背景[J].国际社会科学杂志,2011(1):88-89.

⑤ 金里卡,焦兵.多元文化主义的兴衰?关于多样性社会中接纳和包容的新争论[J].国际社会科学杂志,2011(1):106.

尔法克鲁斯学院的学者阿拉萨拉特纳姆(Lily A. Arasaratnam)在对《跨文化关系国际期刊》(*International Journal of Intercultural Relations*)35 年间(1977—2012 年)与多元文化主义相关的论文进行梳理后认为,截止到 2012 年,关于多元文化主义最全面的定义是 2008 年由荷兰蒂尔堡大学跨文化心理学教授 Fons J. R. van de Vijver 等人提出的。[①] 他们认为,多元文化主义包括三种定义:(1)多元文化主义指的是一种人口特征,更具体地说,是社会的多元种族构成;(2)多元文化主义也被政策制定者用于表示关于文化多样性的具体政策,这些政策的主要目标是刺激移民参与主流社会、提高他们的社会和经济地位、建立平等的权利以及预防和消除歧视(Schalk-Soekar, 2007; Van de Vijver, 2006);(3)当多元文化主义作为一个心理学概念表示一种与政治意识形态相关的态度时,它指的是接受并支持一个社会的人口文化异质成分(Berry &Kalin, 1995)。[②] 这一研究对之前关于多元文化主义的概念进行了综合性的概括,厘清了"多元文化主义"的理论意义。首先,整个社会由于不同种族、性别和宗教的族群增多而朝着更为多元化方向发展。其次,多元文化主义在政治方面体现为一些强制执行的社会公共政策,如美国的"肯定性行动"(affirmative action)就属于通过国家权威的介入来确保少数族群的权益,尤其是给予外来移民族群文化上的平等权等。最后,从心理学上讲,多元文化主义假说是指在一个更大的社会中人们对自己的文化认同感到自信和安全时,会产生更为积极的互动态度;相反,当这些认同受

---

① ARASARATNAM L A. A review of articles on multiculturalism in 35 years of IJIR[J]. International journal of intercultural relations, 2013,37(6): 677.

② FONS V D V, BREUGELMANS S, SOEKAR R. Multiculturalism: construct validity and stability[J]. International journal of intercultural relations,2008, 32(2):93.

到威胁时,则会对其他文化族群产生敌意。① 如今,多元文化主义也被赋予了更多的内涵。2016 年,意大利学者恩佐·科伦坡(Enzo Colombo)认为,多元文化主义在北美和欧洲有了不同方向的研究。这主要表现为,在北美,多元文化主义主要针对土著和文化少数群体进行研究;而在欧洲,研究对象则与后殖民时期城市环境及其引发的政治生态问题密切相关。

中国是多民族国家,在多元民族问题上,中国实行了民族区域自治制度,在国家指导下形成了各个族群对于中华民族的整体认同。② 有中国学者研究表示,中国"和而不同"的精神与西方多元文化主义有着惊人的相似之处,③中国目前体现出了"以人为本的多元化""以国家利益为重的一体化"和"以弱势补偿为先的公平正义"三个突出的价值取向④。中国也正试图通过"一带一路"倡议构建跨文化传播间新的和谐关系,探索多元文化主义发展的新思路。发展至今,多元文化主义不再只是聚焦于移民问题的政治思想,而是伴随着全球化的发展成为国家内部处理民族、种族多样性和国际交往的指导方法,以及包含文化交往、教育发展和生活需求等方面的全球思潮。多元文化主义逐渐发展成了一种维护社会稳定的政治正确。

关于多元化对社会关系的影响,学界有几种观点。一种认为多元化促进了种族间的宽容与社会团结,被称为"接触理论"(contact theory);另一种则与此相反,认为多元化会助长外群体的不信任,即所谓的"冲突理论"

---

① 贝瑞.多元社会中的文化互动关系——加拿大多元文化主义政策引发的研究[J].胡科,陈丽莉,常永才,译.广西民族大学学报(哲学社会科学版),2015(2):5.

② 关凯.多元文化主义与民族区域自治——民族政策国际经验分析(下)[J].西北民族研究,2004(2):47.

③ 于璎,尹文嘉.西方多元文化主义及对中国的借鉴意义——在和谐文化观的视阈中[J].学术论坛,2008(1):167.

④ 冯江英,石路.我国民族地区双语教育政策的价值取向分析——基于多元文化主义的反思[J].新疆社会科学(汉文版),2014(6):144.

(conflict theory)。[①] 在此基础上,Putnam 提出了“收缩理论”(constrict theory),认为在长期内多元化会促进文化、经济、财政的发展,但在短期内,移民和种族的多元化往往会同时损害内群体与外群体的社会团结以及社会资本。[②] 而对这种社会团结的考量,有学者进一步研究认为,可以从种族关系、公民规范、公共生活的参与等多个维度进行分析,断言多元化对于社会团结的影响仍然具有内在局限性。

二、多元文化主义理论的争议

多元文化主义虽为解决多个族群和文化之间的矛盾与冲突提供了思路,但由于过于强调“差异”,导致了群体间偏见甚至分裂的产生。[③] 一些学者,如威廉·高尔斯顿(William Galston)、威尔·金里卡(Will Kymlicka)、Bhiku Parekh、Charles Taylor 和 Iris Marion Young 等都认为,多元文化主义中“盲目的差异性”不能带来自由和平等。[④] 有学者研究发现,发展至 20 世纪 90 年代时,多元文化主义在欧洲出现了问题,特别是在“9·11”恐怖袭击事件以及经济危机爆发后,[⑤]这使得欧洲反移民和反难民的情绪不断高涨。欧洲国家对多元文化主义的反思首先从荷兰开始;[⑥]2010 年 10 月,时任

---

① PUTNAM R D, UNUM E P. Diversity and community in the twenty-first century: the 2006 Johan Skytte Prize lecture[J].Scandinavian political studies , 2007 ,30 (2) :141.

② PUTNAM R D, UNUM E P. Diversity and community in the twenty-first century: the 2006 Johan Skytte Prize lecture[J].Scandinavian political studies , 2007 ,30 (2) :137.

③ 单波.跨文化传播的问题与可能性[M].武汉:武汉大学出版社,2010:248.

④ BARRY B M.Culture and equality : an egalitarian critique of multiculturalism[J]. Contemporary sociology , 2000,32(5):975.

⑤ 莱辛斯卡.移民与多元文化主义:欧洲的抵制[J].宋阳旨,译.国外理论动态,2016(1):87.

⑥ 王辉.金里卡对多元文化主义辩护的评析[J].民族高等教育研究,2014(2):30.

德国总理的默克尔指出德国试图建立多元文化主义社会的努力已经彻底失败;[①]2011 年 2 月,时任英国首相的卡梅伦认为,英国必须放弃失败的多元文化主义,坚决捍卫西方的自由价值观;[②]同年 2 月,时任法国总统的萨科齐宣称,法国的多元文化政策已经失败。[③] 当时这些言论似乎向世人宣告了多元文化主义在欧洲的失败。对此,加拿大学者威尔·金里卡认为欧洲多元文化主义的退却不是加拿大的未来。[④] 约翰·贝利认为,一些欧洲人声称“多元文化主义已宣告失败了”,然而从加拿大多元文化主义政策的视角看来,多元文化主义并没有失败,因为它甚至还没有被尝试过。[⑤] 关于多元文化主义的讨论众说纷纭,其多年来面临的挑战与问题可以总结为以下三个方面。

(一)后“9·11”时代无法解决的世界性文化冲突

从美国“9·11 事件”发生之后,关于穆斯林的问题一直是西方社会备受争议的话题之一。因为“后 9·11 时代”所发生的世界性的文化冲突大部分均与伊斯兰极端恐怖主义存在关联。特别是近几年,西方社会中出现了一种“恐穆斯林”的情绪。欧洲各国政要纷纷唱衰多元文化主义的原因,也有一部分是认为这一政策助长了极端主义和恐怖势力。根据新闻报道,“Xen-

---

① Der ansatz für Multikulti ist gescheitert, absolut gescheitert! [EB/OL].(2010-10-16)[2017-11-06]. http://www. spiegel. de/politik/deutschland/integration-merkel-erklaert-multikulti-fuer-gescheitert-a-723532.html.

② State multiculturalism has failed, says David Cameron[EB/OL].(2011-02-05)[2017-11-06].http://www.bbc.com/news/uk-politics-12371994.

③ MIDIFIÉ.Le multiculturalisme est “un échec”, affirme Nicolas Sarkozy[EB/OL].(2011-02-10)[2017-11-06].http://www.lepoint.fr/societe/le-multiculturalisme-est-un-echec-affirme-nicolas-sarkozy-10-02-2011-1294163_23.php.

④ 王辉.金里卡对多元文化主义辩护的评析[J].民族高等教育研究,2014(2):30.

⑤ 贝瑞.多元社会中的文化互动关系——加拿大多元文化主义政策引发的研究[J].胡科,陈丽莉,常永才,译.广西民族大学学报(哲学社会科学版),2015(2):4.

ophobia”(仇外心理、仇外情绪)被美国在线英语词典 dictionary.com 选为 2016 年的年度词汇,它被解释为“对外国人、拥有不同文化背景的人或者陌生人的恐惧和仇恨”或代指“对与自己背景不同者的习惯、服装和文化的恐惧或不喜欢”。它来源于希腊,是一个复合词汇,其中 xenos 是陌生人的意思,而 phobos 表示害怕和恐慌。2016 年“Xenophobia”(仇外心理、仇外情绪)这一单词呈现出几次搜索高峰,其中一次出现在英国脱欧后;还有一次是奥巴马称特朗普的政治主张充满“本土主义”或“仇外心理”;第三次是法国的“布基尼禁令”事件。2016 年 7 月开始,法国戛纳、尼斯、卢贝新城等各大海滨城市颁布“布基尼禁令”,禁止女性在海滩上穿着“布基尼”伊斯兰泳装。这一举措引发了网友关于“欧洲中心论”、排外主义、女性权利的争论。但法国民意调查所 IFOP[①] 联合《费加罗报》公布的调查显示,64%的法国人反对在海滩上穿着“布基尼”泳装,另外 30%的民众对此表示“无所谓”,只有 6%的民众支持穿着“布基尼”泳装。[②] “布基尼禁令”事件的背后,就是欧洲文化与伊斯兰文化之间的冲突。但根据上述调查,似乎欧洲民众心中“恐穆斯林”的情绪仍然占据主流。

类似的冲突也曾发生在美国。2017 年 1 月 27 日,美国总统特朗普签署了“阻止外国恐怖分子进入美国的国家保护计划”,这一行政命令也被媒体和社会认为是“移民禁令”。其内容包括,要求在 120 天内暂停原有的难民接纳项目以核查难民背景,并在 90 天内暂停利比亚、苏丹、叙利亚、伊拉克、

---

① IFOP 是法国第一家民意调查企业,也是目前法国市场最主要的竞争者之一,在全球约 50 个国家和地区均有分支机构。https://fr.wikipedia.org/wiki/Institut_fran%C3%A7ais_d%27opinion_publique.

② Unemajorité de Français opposée au port du burkini sur les plages[EB/OL].(2016-08-25)[2017-11-06]. http://www.lefigaro.fr/politique/2016/08/24/01002-20160824ARTFIG00276-une-majorite-de-francais-opposee-au-port-du-burkini-sur-les-plages.php.

伊朗、也门和索马里共7个国家的公民进入美国境内等。① 尽管根据美国总统特朗普的说法,这项移民禁令并非穆斯林禁令而是旅行禁令,因为这与宗教无关,而是针对恐怖主义,为的是保护美国,②但大多数中外媒体和网友仍称之为"穆斯林禁令"③。然而,在BBC的报道中,英国皇家国际事务研究所——伦敦智库在欧洲10个国家,向共1万名公民所发布的民意调查表明,超过55%的受访者表示同意无期限地实行针对穆斯林民众的"禁穆令"。另外,调查还发现,许多国家的民众认为,难民的到来会增加本国遭遇恐怖袭击的可能性。④

而对于以上文化冲突,多元文化主义的理念无法提供强有力的解决方法。学者Tahir Abbas认为,多元文化主义的政策和文化多元性的现实加剧了社会的碎片化(fragmentation),并使凝聚社会变得更加困难。他暗示所有人都应遵守"道德义务"⑤,但这无法减少恐怖事件的发生,以及人们对"他者"的未知恐惧与排斥。"后9·11时代"无法解决的世界性文化冲突,是多

---

① 美国总统候选人特朗普提出"全面彻底地禁止穆斯林入境"[EB/OL].(2016-12-07)[2017-11-06].http://world.huanqiu.com/exclusive/2015-12/8131734.html.

② 特朗普限制移民政令:白宫坚称并非针对穆斯林[EB/OL].(2017-02-23)[2017-11-06].http://www.bbc.com/zhongwen/trad/world-38793970? ocid=socialflow_twitter.

③ 尽管美国总统及政府否认这项行政命令的名称是"穆斯林禁令",但国内外各大媒体网站(如新华网、人民网、凤凰网、USA Today、Fox News World等)及无数网民都在用"穆斯林禁令(Muslim Ban)"来指代这项行政命令。本文为了方便研究,也沿用了"穆斯林禁令"的称呼。但需要指出的是,这个名称用于指代"阻止外国恐怖分子进入美国的国家保护计划"是有争议的。

④ Majority of Europeans in favor of a Trump-style Muslim ban[EB/OL].(2017-02-09)[2017-11-06]. http://www. foxnews. com/world/2017/02/09/majority-europeans-in-favor-trump-style-muslim-ban-poll-shows.html.

⑤ 黄伟民.社会学中的多元文化主义和民族多元主义——碎片化理论回顾与评述[J].殷鹏,译.广西民族大学学报(哲学社会科学版),2015(2):23.

元文化主义所面对的第一重挑战。

(二)多元文化主义与伊斯兰保守文化价值观无法协调的矛盾

“世俗主义”(secularism)也可理解为政教分离。为了摆脱神圣秩序对社会生活和政治生活的控制,基督教的内部与外部均开始了对神性存在的人性化改造。欧洲在世俗化过程中面临的挑战就是伊斯兰保守文化价值观对日趋式微的基督教文化价值观强有力的挑战。[1] 欧洲保守派学者和知识分子认为,多元文化主义的“普世仁爱”观念正是从基督教中借鉴而来的。[2] 例如,对于法国来说,自由、平等和世俗化是法兰西民族意识的核心,[3]这一思想从启蒙运动时期[4]就一直影响着法国民众。因此,尽管法国宣称实行多元文化主义政策,但法国在处理移民等事情的时候,强调对边缘群体的“同化”。有学者曾归纳过欧洲采取的移民政策,主要可以划分为以法国为代表的同化模式(assimilation model)、以德国为代表的分化排斥模式(differential exclusion)或部分排斥模式(partial exclusion model)、以英国和瑞典为代表的多元文化模式(multicultural model)。[5] 因此,法国实行多元文化主义的最终目的是引导“多元”走向“一元”,引导外来多元文化融入法兰西民族文化。正如萨科齐任法国总统时所要求的,所有住在法国的移民必须“做法国人、说法国话,并像法国人一样生活”(become French, speak

---

① 鲍永玲.欧洲难民潮冲击下的多元文化主义政策危机[J].国外社会科学,2016(6):73.

② The Paris Statement: a Europe we can believe in[EB/OL].(2017-10-07)[2019-07-15].https://thetrueeurope.eu/.

③ 田烨.法国民族主义理念下的多元文化主义[J].世界民族,2014(2):39.

④ 张金岭.当代法国社会的信仰多元及其价值冲突[J].思想战线,2010(5):75.

⑤ 鲍永玲.欧洲难民潮冲击下的多元文化主义政策危机[J].国外社会科学,2016(6):69.

French, live like the French)。[①]

但对于伊斯兰保守文化价值观来说,伊斯兰教最主要的表现形态是内聚性很强的宗教共同体。[②] 人们生活的每个方面都受到伊斯兰教法的支配,并不存在世俗与神圣的区分。[③] 有学者认为,在欧洲成长的第二代和第三代穆斯林移民大多失去了对祖辈来源地国家或城市的认同,一部分人转而投入了一个想象的共同体——当下的泛伊斯兰主义试图重新建构的乌玛(Ummah)。[④] 而宗教极端分子是雄心勃勃的宗教观念的倡导者,伊斯兰国家的成员,用马丁·路德·金(Martin Luther King, Jr.)的话来说,"已经失去了对美国的信心"并且绝对否定基督教。[⑤] 多元文化主义恰好成为对于欧洲穆斯林来说一种有利的政治话语,成为穆斯林族群拒绝融入欧洲主流价值的说辞。[⑥]

对于当前的欧洲来说,既无法要求大规模的穆斯林移民完全被欧洲主流社会所同化,也无法消解极端恐怖主义事件频发对欧洲民众的伤害。这使得欧洲主流社会民众的"排外心理"逐渐增强,穆斯林移民及其后代对欧洲的不认同感逐渐增强。正如学者罗伯特·雷肯曾说的那样,"对于那些孤独的穆斯林后代来说,欧洲扮演了主人的角色。从名义上,这些穆斯林的后

---

① Become French, speak French, live like the French: Nicolas Sarkozy promises to lead a "merciless war" on Islamist terrorism as he declares migrants must assimilate and ditch the "medieval" burkini[EB/OL].(2016-09-20)[2017-11-06]. http://www.dailymail.co.uk/news/article-3798023/Nicolas-Sarkozy-demands-migrants-live-like-French.html.

② 崇明.教法与自由:当代欧洲的伊斯兰教挑战[J].开放时代,2017(2):143.

③ 崇明.教法与自由:当代欧洲的伊斯兰教挑战[J].开放时代,2017(2):138.

④ 崇明.教法与自由:当代欧洲的伊斯兰教挑战[J].开放时代,2017(2):135-136."乌玛"是穆罕默德根据社会实际需要建立的以信仰为基础的政教合一的社会共同体。

⑤ SWAINE L. A liberalism of conscience[J].Journal of political philosophy, 2010,11(4):370.

⑥ 崇明.教法与自由:当代欧洲的伊斯兰教挑战[J].开放时代,2017(2):139-140.

代是欧洲公民，但在文化和社会方面，他们仍被隔离在外”[①]。多元文化主义成为欧洲世俗主义与伊斯兰保守价值观之间无法协调的障碍，使得穆斯林移民群体比较封闭的宗教认同、文化认同、族群认同与欧洲国家民众强烈的民族文化、民族情感和民族认同之间的分歧渐增，也使得穆斯林移民与当地主流社会的隔阂不断增大。

（三）西方保守派学者和批评家对多元文化主义的批判

西方保守派学者和批评家一直对多元文化主义持批判态度。早前，美国当代著名国际政治理论家塞缪尔·亨廷顿（Samuel P. Huntington）表示，多元文化主义是“反欧洲文明”的，是“反西方的意识形态”的。[②] 根据另一名学者的研究，政治上偏右的阵营中许多批评家将多元文化主义视为社会解体、种族冲突以及极端主义、恐怖主义滋生的罪魁祸首；而左派阵营中为数众多的支持者也被怀疑与政府共谋，对因阶级而产生的不平等视若无睹，甚至当中的一部分人也开始对多元文化主义政策产生怀疑，认为它已经成为国家福利和公共服务失灵的元凶。[③] 2017 年 10 月，包括法国、英国、捷克、匈牙利、罗马、荷兰等国学者在内的欧洲十位保守主义倾向的学者和知识分子，以九种语言发表了一份声明——*The Paris Statement：A Europe We Can Believe In*，其中就表达了他们对于多元文化主义的批判：

虚假的欧洲同样吹嘘一种对平等的前所未有的承诺，妄想穆

① 岳泽贤.欧洲的多元文化主义困局：穆斯林移民问题[J].法制与社会，2016(11)：136.

② 王希恩.多元文化主义与马克思主义民族理论的两点比较[J].科学社会主义，2010(2)：9.

③ 维尔托维奇.走向后多元文化主义？变动中的多样性共同体、社会条件及背景[J].国际社会科学杂志，2011(1)：87.

> 斯林将会愉快地采纳他们的世俗主义与多元文化图景(3)。它宣称要消除歧视,包容所有种族、宗教与身份,要求欧洲人以圣母的标准去牺牲自我……换来某种新颖的和平与繁荣的全球共同体,以至于连要求甚或是增进穆斯林新进移民归化入我们欧洲的风俗习惯的举措都被判为粗暴的不正义(17)。一些国家和地区的穆斯林过着一种非正式的自治生活,不遵循当地的法律,好像他们更像是殖民主义者而不是我们国家的同胞成员。个人主义使我们彼此隔绝……而抵抗全球化则是不理性的(23)。多元文化主义意识形态还剥夺了更高的理想,挫伤了对爱国骄傲的表达,我们的社会如今很难召唤人们保卫自身的意志(20)。我们呼吁所有欧洲人加入我们,一起来拒绝那种无国界的多元文化世界的乌托邦幻象(36)。[①]

欧洲保守派学者和知识分子对多元文化主义的批判主要集中于以下几个方面:首先,多元文化主义已经成为政治正确,其背后的个人主义造成了文化差异的加大,导致欧洲民众彼此之间的隔离和孤立,因此多元文化主义正在瓦解着欧洲社会的团结;其次,多元文化主义被认为是空洞而无法实现的,欧洲应该使用同化的移民政策而非多元文化主义,让“他们”变得像“我们”一样;最后,关于穆斯林,欧洲保守主义学者认为欧洲基督教的根基正在被冒犯,而穆斯林非但不能通过多元文化主义与欧洲民众和谐相处,甚至有可能利用多元文化主义为冲突或潜在的极端主义和恐怖主义提供掩护。

---

① 节选自 *The Paris Statement*: *A Europe We Can Believe In*,具体内容可见:https://thetrueeurope.eu/。括号中的数字代表该宣言中的段落。

曼纽尔·卡斯特认为,信息技术的发展促进了网络社会的兴起。[①] 以网络为基础的社会结构是具有高度活力的开放系统,产生了新的社会形态和模式。网络社会在动态上改变了政治和人际上的关系,特别是在人际方面,它动摇了以空间划分的民族和国家的族群,过去基于地域或国家而建立的共同体面临解体的危机。网络社会建立了以文化属性为基础构成的新的认同,也在一定程度上消解了多元文化主义的权威性。在处于第三次全球化浪潮中的当下,特别是对于移民国来说,今天的全球移民流更为新颖,主要体现在来自于不同阶层、具有更低的组织性和更大的差异性上,[②]这使得西方本土不断遭遇移民带来的多元文化的巨大挑战。同时"反文化全球化"通过争取平等权利,实现全球范围内的多元文化,最终达到文化间性。在这一过程中,网络提供了技术、形式和标准,[③]即计算机支持的技术设施网络(技术)、组织结构网络(形式)和政治模型网络(标准)。笔者认为,连接、信任与认同是检视跨文化虚拟共同体结构和内部逻辑的三重维度,即面对网络社会族群之间身份认同的流动性和混杂性日益增强的现状,虚拟共同体中的个体会选择通过技术工具进行连接,并逐渐形成信任和认同,从而实现共同目标。[④]

三、跨文化传播视野下多元文化主义的发展空间

正如前文所述,多元文化主义本身存在着诸多缺陷。多元文化主义容

---

① 卡斯特.网络社会的崛起[M].北京:社会科学文献出版社,2001:6.

② 维尔托维奇.走向后多元文化主义?变动中的多样性共同体、社会条件及背景[J].国际社会科学杂志,2011(1):91.

③ 卡斯特.网络社会:跨文化的视角[M].北京:社会科学文献出版社,2009:375.

④ 肖珺.跨文化虚拟共同体:连接、信任与认同[M].北京:社会科学文献出版社,2016:16.

易导致过分强调异质文化间的差异,而忽略了跨文化传播中的沟通与对矛盾的化解。特别是在第三次全球化浪潮的当下,网络社会的发展消解了过去以地缘和民族作为标准划分的族群,促进了以文化属性为基础的共同体的建立。多元文化主义面临世界性文化冲突,伊斯兰保守文化价值观挑战和西方保守派学者、批评家一直以来的批判。对于多元文化主义未来的发展空间,有学者从主体间性、文化间性和后多元文化主义等角度进行了设想。

(一)从主体间性到文化间性

有学者从主体间性的角度对多元文化主义未来的发展进行了构想。主体间性(inter-subjectivity),又可称为交互主体性、主体际性等,从胡塞尔的现象学哲学中而来,[①]主要内容是将他者主体化,将人与世界的主客体关系转变为主体与主体之间的关系。[②] 在跨文化传播中,主体间性主要表现为将"我与他"的主客体思维转换成"我与你"的主体间性思维,[③]避免了划分出"我者"与"他者"的二分式的思维模式。但这一哲学思想是具有局限性的,依旧有可能使主体局限在各自的文化认同中。[④] 根据学者赵月枝的观念,跨文化交流的哲学依据应当体现在对"跨主体性"的探索和发展上。[⑤]

文化间性(interculturality)是在主体间性的基础上引申而来的,是德国

---

① 罗雯.论跨文化传播的主体间性与文本间性及话语层面[J].国际新闻界,2006(10):34.

② 郑德聘.间性理论与文化间性[J].广东广播电视大学学报,2008(4):73.

③ 单波.跨文化传播的问题与可能性[M].武汉:武汉大学出版社,2010:26.

④ 宗丹青,韦储学.跨文化传播中"我"与"他者"的关系研究[J].广西广播电视大学学报,2015(2):94.

⑤ 冯建华,赵月枝.批判理论视野下的跨文化传播[N].中国社会科学报,2017-09-21.

哲学家哈贝马斯提出的文化哲学术语。[①] 文化间性更强调差异与互动,“不会用自身文化的价值观和标准来评判他人的文化,或是在与自己文化的比较上来评定其他文化,而是建立在自己的经历和其他文化的互动之上”[②],即文化间性强调在跨文化传播的交互作用中,获得新的文化意义。单波认为,文化间性通过文化的“互惠性理解”,可以应对社会偏见,消减多元文化主义带来的政治危机,[③]最终可以在跨文化传播中消除矛盾、减弱冲突、实现和谐。这种和谐理念最本质的东西就是:两种文化的相互影响和吸收不是“同一”或者“合化”,而是在一个不同的环境中转化为新物的过程,同时相互促进,创造新物。[④] 如果单纯按照两分的原则划分出“我者”和“他者”,然后简单地用同化的方式让他者按照自己的价值观来生活,或是站在道德的制高点上用自己的方式去俯视他人,认为某种文化更具优越性,就会激化文化间的问题与矛盾,甚至会引发社会和政治问题,也就无法实现最终文化融合的和谐局面。

(二)后多元文化主义

“后多元文化主义”(post-multiculturalism)的概念最早产生于20世纪90年代,主要是由Vertovec教授在欧洲推广的。[⑤] “后多元文化主义”区别于“多元文化主义”,意在探索一个既能够增强社会凝聚力,又能够促进民族

---

① 郑德聘.间性理论与文化间性[J].广东广播电视大学学报,2008(4):75-76.

② 白贵,甄巍然.话语偏向于“文化间性”:民族宗教报道的问题与路径——基于人民网与新华网的抽样文本分析[J].现代传播,2014(8):29.

③ 单波.跨文化传播的问题与可能性[M].武汉:武汉大学出版社,2010:249.

④ 单波.跨文化传播的问题与可能性[M].武汉:武汉大学出版社,2010:258.

⑤ 黄伟民,殷鹏.社会学中的多元文化主义和民族多元主义——碎片化理论回顾与评述[J].广西民族大学学报(哲学社会科学版),2015(2):16.

融合和认同的新模式。有学者总结认为,后多元文化主义政策与话语试图达到两个目的:一是形成强有力的共同认同感和价值观,二是承认文化的差异性。①

"后多元文化主义"与"多元文化主义"存在本质上的差异。有学者总结了二者的差异,具体说来,二者虽然都否定了同化主义模式,但多元文化主义在看待"整合"的问题时,简单地把推动和确保文化多样性作为最终目的,而后多元文化主义在拥护多样性的前提下把"整合"看作是构建一种共同的社会文化的互动过程。严格地说,前者只是一种多元性管理模式,而后者才是真正意义上的整合模式,它使多元的文化朝着一个共同的文化目标迈进,因此各种文化的地位必然不遵循绝对的平等主义。② 过去十年中,所谓的"多元文化主义死亡论"的媒体话语被许多西欧学者重建,③并认为多元文化主义政策已经失败,还导致了社会排斥和文化隔离等。多元文化主义作为一种全球性的意识形态的机会和空间,其发展仍然十分有限,后多元文化主义的出现为多元文化主义开启了新的发展阶段。值得一提的是,学者威尔·金里卡持不同观点,他认为后多元文化主义中关于多元文化主义退却的叙述是错误的。④

由此可见,学术界关于跨文化传播视野下的多元文化主义的未来发展仍然充满争议。但需要指出的是,随着全球化的发展,各国之间的交往会越

---

① 维尔托维奇.走向后多元文化主义？变动中的多样性共同体、社会条件及背景[J].国际社会科学杂志,2011(1):96.

② 刘兴澍.交互文化主义与多元文化主义之争——加拿大的案例分析[J].世界民族,2014(5):1-17.

③ OSSEWAARDE M.The national identities of the "death of multiculturalism" discourse in Western Europe[J].Journal of multicultural discourses, 2014, 9(3):173-189.

④ 金里卡,焦兵.多元文化主义的兴衰？关于多样性社会中接纳和包容的新争论[J].国际社会科学杂志,2011(1):109.

来越密切，人员之间的流动频率和范围也会加大，世界各国已无法抛弃多元文化主义回到单一文化主义的时代。本文从不同国家、地区的多元文化主义理论研究和实践中总结了对这一理论的多样性理解和争议，关于未来多元文化主义如何实现文化融合，最终达到异质文化的和谐局面的问题，仍然有待进一步研究。

余论：基于“一带一路”倡议的思考

从理论的历史脉络看，跨文化传播研究正在经历从“比较文化”(compare-culture)到“文化之间”(inter-culture)再到“跨越文化”或“超文化”(trans-culture)的自身范式转型；从人类社会实践的角度观察，“多元文化主义”类似“一带一路”倡议，世界范围内的实践创新又为其提出了新的命题。

“一带一路”倡议中包含丰富的跨文化传播理念：利益共同体、命运共同体、民心相通，中国的“一带一路”倡议带着面向人类社会的使命感，正在探索面向多元文化实践的新道路。中国作为“一带一路”倡议的发起者，首先面对的问题是中国文化自身的书写。作为一个多民族国家，民族国家内部的“跨文化传播”可以书写族群间交流的智慧与方法；作为一个负责任的大国，中国与世界其他文化圈的交流会迸发出集体智慧与思想。“一带一路”倡议是一个试图超越全球化局限而勾勒的、连通65个沿线国家和全球其他国家的美好画卷，它给人类的跨文化传播提供了新的想象空间和实践路径。“一带一路”跨文化传播需要面向更多元、更地方、更细分的文化单元。

2018 年跨文化传播事件评析

◇ 跨文化传播研究小组*

彼得斯(John D. Peters)认为,我们今天的任务就是要放弃交流的梦想,同时又保留它激发出来的好处。[②] 跨文化传播要解决的就是个体在多元文化环境中的交流问题。然而,从日常生活的角度来看,在"独自打保龄"[③]、网络成瘾、人工智能、网络支付、外卖成风等现象交织的情况下,交流与理解似乎变得很困难。在更广阔的镜头中,移民、恐怖主义、跨国贸易战、军事博弈等因素

---

* 本文系武汉大学跨文化传播研究中心的研究成果之一,中心自 2006 年以来,持续撰写跨文化传播研究进展述评、跨文化传播事件评析等文章。《2018 年跨文化传播事件评析》一文由单波教授、肖珺副教授指导,跨文化传播研究小组共同撰写。小组成员包括武汉大学新闻与传播学院 2017 级博士生周夏宇、2017 级硕士生林祎婧及 2018 级硕士生黄志敏、胡文韬、谢茜、赵义凡、何品慧、许乐、孙诗雨、潘琛、余甜甜,由周夏宇统稿。

② 彼得斯.交流的无奈:传播思想史[M].何道宽,译.北京:华夏出版社,2003:17.

③ 指如今的美国人不愿意在闲暇时与邻里聊天,而是独自去打保龄球。帕特南.独自打保龄:美国社区的衰亡与复兴[M].北京:北京大学出版社,2011.

又为国家与族群间的理解增加了阻力。2018 年，跨文化传播研究小组选取了 10 起较为典型的案例。这些案例既包括对国别与群体间刻板印象、性别规约与话语偏见、文化行为的差异化解读等传统的跨文化冲突案例，又增添了诸如网络祈福、电竞等新鲜的亚文化因素，希望能够丰富跨文化传播研究的实践经验。

一、央视春晚小品遭批判："一带一路"语境中的他文化诠释

2018 年 2 月，央视春晚小品《同喜同乐》在国内外社交平台上引起广泛争议。小品以中国援非的蒙内铁路为背景，呈现了具有典型非洲特色的异域风情，也诠释了中非人民的深厚情谊。不料该小品却掀起了一场轩然大波，许多中国网友指责其涉及"种族歧视"的话语建构和价值观铺设而令人不适。

部分西方主流媒体采用了"种族主义"(racist)、"愤慨"(outrage)等词语，对该小品表达不满。他们认为小品的艺术表达反映出更深层次的政治、经济、文化等权力问题，节目矮化了非洲，伤害了非洲人民的感情，缺乏基本的种族意识。

相较而言，非洲媒体则表现出更多的宽容。肯尼亚内罗毕的应用型智库中非卓越(Sino Africa Centre of Excellence)表示，非洲讨论社区对小品褒贬不一。部分非洲人理解中国并没有"种族歧视"的语境传统和历史，小品非故意为之，但并不表明这样的表演就是合适的。[①] "非洲裔人在中国"在线平台(Black Livity China)承认了小品的局限性：简单地将广袤、复杂、多元的

① 何梦钰.从小品《同喜同乐》看中国"新"词：种族歧视[EB/OL].(2018-02-23)[2020-03-10].https://mp.weixin.qq.com/s/usNIML5ENhvrYP0xpAUI7g.

非洲大陆视为单一整体,错误地呈现撒哈拉以南的非洲景象、全球黑人面貌及非裔移民文化。但非裔群体的节目观感是多元的:有人觉得小品无伤大雅,甚至享受其中的歌舞表演;有人认为要从经济背景进行归因,对非洲的歧视性描绘源于中非间悬殊的经济实力水平,非洲国家应提高自身的主体性以免遭歧视;有观点则表示,小品内容遭反对,可见中国民众坚决反对歧视、主张平等温和对话的意识。[①] 随着"种族主义"概念内涵外延的不断丰富,我们应注重相关符号的引申义和话语表达上的细节处理,"无意识的种族主义"需要得到反思。

2月22日,外交部对此回应:"中方一贯反对任何形式的种族歧视。如果有人试图借题发挥,借此挑拨中国同非洲国家的关系,那注定是徒劳的。中非友谊历经风雨、牢不可破;中非合作互利共赢,成果丰硕。中非关系怎么样,中非合作好不好,非洲国家和非洲人民心里是有数的。"[②]

可以看到,这场舆论风波的争论焦点主要在于:如何把握标志性文化符号叙事和种族主义刻板偏见之间的界限,如何处理东西方视域中不同的"他者"在交往中的理解和认同。外界的具体质疑有三:(1)中国演员通过化妆加深肤色、填充胸部和臀部假扮非洲丈母娘。当这一脸谱化的形象回溯到西方历史语境中的"Blackface"(即黑脸妆,不仅指妆容本身,还暗含着白人主流社会对黑人群体印象的普遍表达)和"Minstrel Show"(即美国内战前后,由白人用软木塞烧焦后的灰或者鞋油把脸部完全涂黑饰演黑人,以戏谑

---

① GETACHEW H, BERNARD-STEVENSON R C. Racism with Chinese characteristics: how blackface darkened the tone of China's Spring Festival celebrations[EB/OL].(2018-02-21)[2020-03-10]. https://blacklivitychina. com/2018/02/16/racism-with-chinese-characteristics-how-blackface-darkened-the-tone-of-chinas-spring-festival-celebrations/.

② 王珏.外交部回应春晚话题:中方一贯反对任何形式的种族歧视[EB/OL].(2018-02-22)[2020-03-10].http://www.chinanews.com/gn/2018/02-22/8452295.shtml.

和取笑以黑人为主题的歌舞滑稽演出)时,便被赋予了浓烈的贬损意味,侮辱与歧视的指责在所难免。(2)由黑人演员扮演猴子,显示其低人一等。在西方殖民时代,猴子作为对黑人形象进行符号化的工具而为人认知;而在东方,猴子被视为聪明、机敏的代名词——中西差异导致了文化的冲撞和误读,但二者都未能从非洲语境中的“猴子”意涵进行考量。(3)对非洲风情的描绘暗示其原始落后,演员身着部落服装、将长颈鹿作为非洲共享单车等行为是对非洲的蔑视。传统服饰和常见的野生动物构成了非洲典型风貌的文化符号,如今却陷入了“表征的种族化体系”[①]中,通过“语言”对不同种族的肤色、体貌、性征等进行定型化评判和意义生产,片面的认同制造了滑向“他者化”的危险。我们应当时刻警觉民族主义的越轨和种族意识的萌芽,不为无恶意的文化偏见提供温床。

同名不同命。1999年的春晚相声《同喜同乐》同样与非洲演员相关,但其剥离了宏大叙事,以微观视角反映外国人融入中国社会的点滴,广获好评;1973年马季和唐杰忠的相声《友谊颂》作为40年前具有“一带一路”意味的创作典范,创作过程不断征求援外人员意见,刻画了中国援非工人与非洲兄弟的互通友好[②],真正达到了加纳阿塞西大学中加关系专家阿莫阿(Lloyd Amoah)对传播预期的理想状态:“我们有必要去破除大众话语和学术话语中……所谓非洲‘即将面临危机’的解释,尤其是要破除‘非洲在中非关系中只是无能的、恭顺的和乞讨的伙伴’这样一种想法。”[③]这两段相声在处理中非关系上表现出明显的边界感,在非洲叙事上的主体性和独立性呈现,是对

① 单波,张腾方.跨文化传播视野中的他者化难题[J].学术研究,2016(6):39-45,73,2.

② 陈维平.四十年前“一带一路”的相声至今仍有意义[J].曲艺,2017(8):49-51.

③ AMOAH L G A. Africa in China: affirming African agency in Africa-China relations at the people to people level[J]. China-Africa partnership the quest for a win-win relationship, 2012: 104-115.

“他文化”高度认可与尊重的体现。

2018年,“一带一路”倡议继续深入推进,旨在通过广泛的基础设施网络建立互联互通的国际交往,追求共同繁荣、兼容并包。在这条道路上,我们面临着尊重文化和政治多样性等诸多艰难命题。只有“自我”的表演而没有“他者”在场的所谓文化多元性,充其量只能是“文化中心主义”的另外一种令人忧虑的当代版本。[①] 透过他者来言说自我与通过自我来表述他者,媒体对此该有所作为,如:聘请非裔媒体高级顾问参与节目制作;加强与移民社群的联系,关注社区族群化与多元化及文化碰撞间人、物与观念的流动;[②]“以外传外”,培养具有跨文化特质的外国传播使者等。“和而不同、求同存异”是全球化时代所需的智慧,只有尊重各文化圈的价值观,建立多元文化的主体间性,才能最大限度破除尴尬难堪的外交困境与文化迷思,才能穿过文化透视,抵达“共商、共建、共享”的全球治理理念。

二、澳大利亚的英文测试引发争议:语言与文化的矛盾与协调

2018年6月14日,澳大利亚联邦公民和多元文化事务部部长艾伦·杜吉(Alan Tudge)宣布,谭保政府(the Turnbull Government)将考虑强制性要求所有新的永久居民移民达到基本英语语言要求。即谭保政府将考虑自

① 周大鸣.文化多元性与全球化背景下的他者认同[J].学术研究,2012(6):33-37,159,160.

② 彭文斌.境内“他者”——评《非洲人在广州——跨境迁移者的口述史》[J].民族学刊,2018,9(1):81-83.

行设计英语会话测试作为申请澳大利亚永久居留权的新英文测试。[①]

关于澳大利亚政府在移民英文语言能力要求方面的改革，谭保政府早在2017年4月就有所动作。移民部部长彼得·达顿（Peter Dutton）向众议院递交了入籍改革法案，其中一项是要求入籍申请者英文水平达到雅思6分。不过，该法案因在参议院遭到工党（Labor）、绿党（Greens）和中立议员谢诺峰团队（Nick Xenophon Team）等的反对而未能通过。[②]

此次谭保政府重提自行设计全新的英语会话测试，意在考虑重新起草入籍法，软化此前拟议的公民英语语言测试，同时也对新的永久居民申请者提出统一的英文语言要求。澳大利亚政府对语言测试的坚持与协调，从更深一层讲，体现了澳大利亚作为奉行多元文化政策的移民国家，对语言这一文化认同元素和语言同化的矛盾所做的协调。

澳大利亚是一个典型的移民国家，正如杜吉部长所说，墨尔本和悉尼作为移民地理集中区，有67个郊区，海外出生人口的比例超过50%。在其中28个郊区中，有超过60%的人出生在海外，他们中许多人不会说英语。澳大利亚2016年人口普查数据显示，在澳大利亚，完全不会或几乎不会说英语的人数一直在稳步增加，2016年超过82万。据《澳大利亚人报》报道，按目前的增长率计算，到2021年，澳大利亚将有100万人完全不会或几乎不

---

① BENSON S.独家：重大变化！澳洲拟对所有永久居民采取英文测试[EB/OL].(2018-06-14)[2019-03-03].http://admin.wechat.com/s?__biz=MzU3ODMwNjUzOQ==&mid=2247485324&idx=1&sn=2effdb37e54533a736dc8f6b6a1530c4&mpshare=1&scene=1&srcid=1216uzJ7VyjKGCkzl0PRQF2D#rd.

② ELTON-PYM J. Dutton offers easier English test as defeated citizenship bill set to be revised[EB/OL].(2018-05-07)[2020-03-10]. https://www.sbs.com.au/news/dutton-offers-easier-english-test-as-defeated-citizenship-bill-set-to-be-revised.

会说英语。[①] 这一现状引发了谭保政府的担忧,澳大利亚多家媒体的报道显示,当局多次在接受采访中提到"我们不愿澳大利亚面临欧洲多元文化主义模式下出现的平行社区问题"[②]。

近年来,英、法、德等西方国家因饱受种族隔离、社会分化的指责而宣布多元文化主义政策失败。大多数西方国家在实行多元文化主义社会政策之前,都有实行"同化政策"的历史。二战后,反种族主义社会运动和各少数族裔争取独立的平权运动兴起,为调节族群冲突、促进族群融合,多元文化主义的理念被提出。因此,有学者认为,多元文化主义社会政策只是在尊重文化多样性名义下处理族群冲突、促进族群融合的工具,所以当保持族群文化多样性和独立性出现了"差异合法化"和"飞地"意识的政策副作用之后,便遭到批评甚至抛弃。[③]

有观点称,西方国家移民融合政策有回归同化的趋势。[④] 因此,澳大利亚政府考虑采取新英文测试的提议也引发了广泛讨论。有赞同声音表示,移民和寻求庇护者缺乏英语语言技能是社会分化的一个关键驱动因素。但也有不少网友呼吁,澳大利亚作为一个多元文化主义国家,不应将某种文化语言强加于他人。布莱尔影子内阁(Blair Shadow Minister)成员肖恩·诺

---

① BENSON S. English test eyed for all new arrivals[EB/OL].(2018-06-14)[2019-03-03]. https://www.google.com.hk/amp/s/amp.theaustralian.com.au/national-affairs/immigration/english-test-eyed-for-all-new-arrivals/news-story/af0b3840819cb2dcd6a672716e88f203.

② ELTON-PYM J. Migrants could face conversational English test under new plans[EB/OL].(2018-05-07)[2019-03-03]. https://www.sbs.com.au/news/migrants-could-face-conversational-english-test-under-new-plans.

③ 胡玉萍. 西方多元文化主义价值困境及实践特征——以美国多元文化主义为例[J]. 中共中央党校学报,2018,22(2):103-109.

④ 韦平. 多元文化主义在英国的成与"败"[J]. 世界民族,2016(3):1-12.

依曼(Shayne Neumann)和绿党领袖理查德·迪·纳塔尔(Richard Di Natale)也指出,将语言测试作为一种强制性规范,只会将难民和劳工移民等正在挣扎的人边缘化。

现如今,欲借同化语言来促进移民融入往往会适得其反,我们需要转向跨文化交流的视角。语言与文化身份的联系并不是一一对应的关系,一个人可以具备多种语言能力,且具备多重文化身份。语言在让我们获得一种认同的力量的同时,也意味着失去创新文化身份、建构跨文化身份的能力。[①]因此,移民融合问题的解决应是在尊重移民多样文化的同时,一方面要打破语言对本民族文化的禁锢,另一方面要避免语言同化导致的文化同质化,让多元文化平等对话,从而实现融合。

也有声音认为,澳大利亚的多元文化政策没有实现民族融合和文化再造的功能,只停留在民族尊重和文化共存的阶段。[②] 澳大利亚民族政策从“白澳政策”“同化政策”到“多元文化主义政策”,其以白人为中心的文化思想并未祛除,反而以新种族主义的形式存在——以文化差异而非人种生理差异。这便成为维护多元文化和导致社会分裂的悖论的根源,也是澳大利亚多元文化主义政策症结之所在。

语言作为文化认同的符号,不论是强调保有各民族语言还是强调移民应接受英文语言技能测试,均为获得认同的力量。但语言同化并不能促进社会融合,而对于多元文化与社会分裂之间的矛盾,语言同化也并非解决之道。在尊重各民族文化共存的基础上,通过跨越多重语言的多重文化身份碰撞或其他文化因素,如传统习俗、生活方式的跨文化沟通交流,实现各民

① 单波.跨文化传播的问题与可能性[M].武汉:武汉大学出版社,2010:153.

② 赵昌,张秋生.论多元文化政策下澳大利亚民族认同建构的困境——兼论华人的文化融入问题[J].世界民族,2017(4):37-46.

族文化的融合，实现你中有我、我中有你的民族认同。从澳大利亚政府对英语语言测试的软化和协调上，我们可以看到跨文化融合的希望。

三、俄罗斯世界杯：种族歧视与反歧视的“绿色战场”

2018 年 6 月 14 日至 7 月 15 日，由国际足联举办的第 21 届世界杯在俄罗斯举行。作为全球最大的体育赛事之一，世界杯提供了一个多元文化对话的空间。在世界杯赛场上，滚动的足球成为全世界共通的交流语言，具有跨国别、跨种族、跨信仰的特性，但不同群体之间的文化差异并不会因为体育文化的共通而马上消失，世界杯赛场也成为种族歧视与反歧视的“绿色战场”。

此次是世界杯首次在俄罗斯境内举行，亦是世界杯首次在东欧国家举行。早在正式比赛之前，俄罗斯的种族歧视历史就备受西方诟病。在 2018 年 3 月 27 日的一场世界杯热身赛上，法国球员坎特掷界外球时，俄罗斯球迷朝他大声唱起了“猴子颂歌”（monkey chants，模仿猴子的声音和形态，意在嘲笑运动场上的非洲运动员），足球流氓文化再一次成为人们关注的焦点。人权观察组织（Human Rights Watch）发布了一份 44 页的指南，详细地阐述了世界杯期间参与报道的上千名记者在俄罗斯可能会遭到的歧视和偏见。① “反对欧洲足球种族歧视网络（Fare Network）”平等项目的活动人士帕维尔・克利蒙科（Pavel Clemente）说：“告诉每个人、告诉足球界、告诉俄

---

① ROTH A.世界杯在即，细数俄罗斯球坛的种族主义[EB/OL].(2018-06-03)[2019-03-03].https://www.jiemian.com/article/2168667.html.

罗斯社会，少数群体也是足球运动的一部分，也是社会的一部分。”①

世界杯正式开赛后，不同国家、民族背景的球员、球迷之间的文化冲突也频繁发生着。在阿根廷对战冰岛的比赛中，阿根廷足坛传奇马拉多纳因在打招呼时把眼睛拉向两边，被批评是在向几位韩国球迷做种族歧视动作（嘲笑亚裔五官扁平及眼睛偏小）。在英国和美国，这些动作都被纳入种族歧视的范畴，与在球场上学猩猩或猴子叫侮辱黑人球员的性质基本相同。事后，马拉多纳在Facebook上解释说，这是为身穿阿根廷球衣的亚洲男孩加油。由此可见，马拉多纳本人以及部分支持者将拉眼角的动作划分为“文化不敏感”的范畴，将其视为能将亚洲人和其他地方移民区分开来的一个独特好玩的标志。拉眼角的动作确实是对亚裔人长相的模仿，其意是亲密行为还是种族歧视，则因情境而异。世界杯作为一场多元文化交融的盛会，每一名参与者都有必要尊重各地区文化的礼仪，避免触及其他文化中的禁忌，关注不同民族的文化情绪，减少对对方文化的冒犯，如此才能避免冲突和敏感事件的发生。

此外，在2018年俄罗斯世界杯上，卫冕冠军德国队在小组赛中未能出线，表现不佳，球队也因此受到国内舆论的批评。7月23日，著名球星厄齐尔（Mesut Özil）突然宣布退出德国国家队。拥有土耳其血统的厄齐尔与土耳其总统厄多冈（Recep Tayyip Erdogan）的合照引起德国很多球迷的不满。厄齐尔声称此举是基于对祖先与血源的尊重，绝非出于政治目的。在退出国家队的第三份声明中，厄齐尔言明了自己饱受指责的原因：“在格林德尔和他的支持者眼中，当我们赢的时候，我就是德国人；而当我们输的时候，我

① 里奇维尔.维权人士：俄罗斯利用世界杯遮掩压制人权[EB/OL].(2018-06-27)[2019-03-03].https://www.voachinese.com/a/russia-world-cup-human-rights-20180620/4447343.html.

就是个移民。尽管我在德国纳税、向德国学校捐赠设施,并在2014年与德国队一起赢得了世界杯,但我仍然没有被社会所接受。我受到了区别对待。”[①]移民球员在球场上一直面临着身份认同的困境,德国队比赛失利被淘汰出局后,厄齐尔在德国文化中“他者”的身份被放大,德国足协和媒体一致将矛头对准他,将其视为球队最终出局的罪魁祸首。厄齐尔退队事件显示出德国目前存在的移民困境和民粹主义浪潮,本土人对移民抱有敏感、疑虑乃至警惕的态度,社交网络与媒体的炒作与传播也促使这一心态不断发酵,“自己”与“他者”的界限则更加明晰,多元文化主义价值观日益遭到质疑。

种族歧视问题一直以来都是足球场上的毒瘤,尤其是在欧洲足坛。联邦足协曾为了避免对外籍球员特别是有色人种球员的歧视,打出“一个没有外国人的德国就像架没有黑键的钢琴”等大幅标语缓解矛盾。足球界对于种族歧视的惩罚虽然严厉,但此类冲突却屡禁不止。

英格兰足球名帅香克利(Bill Shankly)曾言:“足球无关生死,却高于生死。”民族主义与国家主义情绪建构了世界杯“战争的想象”的特征,赋予了足球比赛“无硝烟战场”的符号性意义。[②] 世界杯作为全球最大的体育盛事之一,是商业价值极高的体育超级IP,是多元文化展示的全球舞台,足球场上的狂欢也就不限于比赛的输赢,同时还是文化认同的表现方式之一。图拉姆(Lilian Thuram)是法国足球史上最具代表性的后卫之一,在他看来,种族歧视的真正问题在于很多教练和球员拒绝就这一问题发声。他们担心自己反对种族歧视的言行是在与球迷作对。[③] 足坛是社会的一个缩影,社会上

---

① 来自厄齐尔个人主页:pic.twitter.com/c8aTzYOhWU.

② 马立明,万婧.从“战争想象”到全球景观:足球世界杯的隐喻与嬗变[J].当代传播,2018(4):16.

③ 懂球帝.图拉姆:什么都不做的人与那些发出种族主义言论的人一样[EB/OL].(2019-09-04)[2020-03-10].https://www.dongquidi.com/news/1216545.

客观存在的种族歧视问题也就自然存在于绿茵场上。

来自世界各地的球队由于球员的身体条件、审美取向和文化背景等不同，形成了迥然不同的足球风格，这也正是绿茵场上最亮丽的风景线。然而，种族的多元化却在绿茵场上发生了异变，变得更加隐蔽且具有迷惑性，种族主义者排斥不同文化间沟通和交流的可能性，将绿茵场看作表现种族优越性和肤色的文化场所，以足球为中介传递他们的种族性和文化使命。这也使得一些优秀的球员因为自身的肤色、信仰或代表的文化不同，而遭到来自对手和球迷的种族主义攻击。在世界杯这一展示多元文化的全球舞台上，球队和球迷在展现本国优秀文化的同时，不妨放下刻板成见，给予狂欢中的他者以欣赏和尊重。

四、"娘炮"之争——多元男性气质的跨文化争议

2018年9月1日20点，中央电视台综合频道(CCTV-1)播出公益节目《开学第一课》。此前，教育部办公厅发文要求全国中小学生在家长的陪同下观看此节目。[①] 然而，节目开场的表演嘉宾"新F4"王鹤棣、官鸿等男明星却被观众诟病过于"娘炮"，会对学生产生不良影响，不少网友在节目的宣传微博下进行抨击和指责。9月2日，央视在其自媒体平台就此事道歉，但舆论场上关于"娘炮"的争论仍在继续。

真正让"娘炮"走向舆论高峰的是新华网和《人民日报》等主流媒体的参与。9月6日晚，新华网发布文章《"娘炮"之风当休矣》，认为当下流行文化

① 教育部办公厅.教育部办公厅关于组织中小学生上好2018年《开学第一课》的通知[EB/OL].(2018-08-22)[2020-03-10].http://www.moe.gov.cn/srcsite/A06/s3321/201808/t20180827_346241.html.

中“小鲜肉”、偶像等代表的“娘炮”是一种病态审美，会对青少年乃至整个社会带来严重不良影响。① 随后该文被发布于新华网官方微博，次日该微博的转发量达4万余次，评论达6,000多条，引起了网民的广泛讨论。《人民日报》《中国妇女报》紧随其后，发布关于“娘炮”的评论文章。与新华网相反的是，这两家主流媒体不认同“娘炮”等带有贬损性的说法，并呼吁社会应尊重审美的多样性。在主流媒体正反两个“阵营”的对立之下，网民关于“娘炮”的争论也趋于白热化，使得这场关于男性气质的争论成为2018年中国性别文化最突出的呈现。

什么是气质(temperament)？在黄希庭看来，气质是人格中的先天倾向。古希腊医生希波克拉底(Hippocrates)将人的气质分为多血质、粘液质、胆汁质、抑郁质四种类型，至今仍被心理学家沿用。② 荣格在谈集体潜意识时使用了“原型”(archetype)一词，使用“anima”与“animus”分别指男性精神中的女性特质与女性精神中的男性特质，可见性别规范并不是铁板一块。男性气质由英文“masculinities”翻译而来，其复数形式可表明男性气质的多样性。③ 澳大利亚社会学家雷温·康奈尔(Raewyn Connell)不认同男性气质的先天决定论，她认为不同的文化和不同的历史时期以不同的方式构建了男性气质。她将男性气质分为支配型、从属型、共谋型、边缘型四类，支配型男性气质强调的是男性刚强、健壮、勇敢、强者等特质。④ 这也是目前中国

① 辛识平.“娘炮”之风当休矣[EB/OL].(2018-09-06)[2020-03-10].http://www.xinhuanet.com/politics/2018-09/06/c_1123391309.htm.

② 黄希庭.人格心理学[M].杭州:浙江教育出版社,2002:13.

③ 皮兴灿，王曦影.多元视野下的中国男性气质研究[J].青年研究，2017(2)：85-93.

④ CONNELL R W. Understanding men: gender sociology and the new international research on masculinities[J]. Social thought & research, 2001, 24(1/2): 13-31.

主流社会所鼓励的男性气质。①

"娘炮"的说法源自2007年一部台湾电视剧《我要变成硬柿子》,剧中"娘炮"被女主角用来责骂男主角软弱胆小、缺乏男子气、像个娘们儿,与我们通常所说的"娘娘腔"含义类似。"娘炮"一词经过影视作品、社交媒体等媒介传播,逐渐成为攻击那些在外表、行为等方面具备女性化特质的男性的贬损性词汇。② 从男性气质的理论角度来看,"娘炮"实则是对不符合支配型男性气质的男性的歧视和边缘化。

"娘炮"特质可以用"软男性气质"(soft masculinity)来形容。"软男性气质"是在东亚流行文化范畴内,通过对女性化的男性气质的生产和消费建构起来的,主要源自以日本ACG③ 文化、韩国K-POP④ 和韩剧为代表的日韩流行文化。⑤ 而中国流行文化的发展深受日韩流行文化影响,如2018年火爆中国的选秀节目《偶像练习生》就源自韩国同类节目 *Produce 101*,这次引发"娘炮"争议的部分男明星如朱正廷、黄明昊等人正出自此节目。尽管他们并未出现在《开学第一课》的舞台上,但由于他们在微博上为节目宣传时附上了自拍照,照片中的他们具备极致化的"软男性气质"——外貌偏女性化、妆容较重等,所以他们在关于"娘炮"的网络舆论中成为众矢之的。事实上,中国大众文化中关于影视娱乐市场里部分男明星具备的"软男性气质"的争议由来已久,比如2018年8月11日,全国散打冠军方便在微博上发文

---

① 方刚. 男性气质多元化与"拯救男孩"[J]. 中国青年研究, 2010(11): 17-20,106.

② 任陇婵. "娘炮": 这场辩论有点"冷"[J]. 视听界, 2018(6): 11.

③ ACG是日本动画(Anime)、漫画(Comics)与游戏(Games)的英文首字母缩略词。

④ K-POP指韩国的流行音乐,或源自韩国的流行音乐类型。

⑤ JUNG S. The shared imagination of bishonen, Pan-East Asian soft masculinity: reading DBSK, Youtube. com and transcultural new media consumption [J]. Intersections: gender and sexuality in Asia and the Pacific, 2009 (20).

抨击电视剧《甜蜜暴击》的男主角鹿晗,称"搏击不属于娘炮,不男不女的请走开"[①]。该事件也在网络上引发了小范围的争论。但这次的"娘炮"之争辐射范围如此之广,实则是由于存在已久的大众对男性气质的认知矛盾通过《开学第一课》这个大型公益节目被聚焦和放大,并在主流媒体的参与下引发了整个社会对男性气质的跨文化争议。

从舆论中网民对"娘炮"的态度来看,当下中国大众对多元男性气质的态度呈现多样性。有部分人认为应尊重和包容所有男性气质,强调男性应具有善良、责任感等不具备性别刻板特征的内在品格,并不要求男性必须阳刚,这些人对多元男性气质的认同最为深入;同时也有部分人仅认同男性外在气质的多元化,但对内在依旧强调阳刚等支配型男性气质;此外还有一些人对男性外在的多元气质仅部分认同,如对"娘炮"作进一步区分,不反对男性天生长相秀气,但反对男性化妆等。从批判角度来看,对"娘炮"的批判和抨击主要针对娱乐产业中部分男明星所呈现的女性化特征,也有一些人部分认同男性气质的多元化,但反对流行文化中极致的"软男性气质"成为主流。

回顾整场争议,"娘炮"之争源自流行文化中被极度商品化的"软男性气质"与主流文化中支配型男性气质的冲突之下,大众基于多元男性气质认知矛盾产生的焦虑。这一焦虑与中国社会当下的文化、教育、媒体等息息相关。男性气质建构于社会与文化实践之中,并非一成不变,随着中国社会文化图景日趋多元化,产生于不同文化背景的性别气质之间的冲突与矛盾也渐趋频繁,如何处理好中国性别文化呈现中的跨文化争议是一个值得继续讨论的话题。

---

① 凤凰网.散打冠军怒骂鹿晗:中国男人为什么越来越娘了?[EB/OL].(2018-09-04)[2020-03-10].http://fashion.ifeng.com/a/20180904/40404811_0.shtml.

五、在瑞典的中国游客：国际传播中的中国形象

2018 年 9 月 2 日，中国游客曾先生一家三口在瑞典遭遇粗暴对待、被警察扔在坟场一事持续发酵，引起网民强烈愤慨。9 月 21 日晚，瑞典电视台《瑞典新闻》栏目播出恶劣辱华节目，主持人罗恩达尔(Jesper Rönndahl)发表恶毒侮辱性言论，攻击中国和中国人，打着给中国游客提示的旗号，以充满低级趣味的噱头和粗俗不堪的语言，赤裸裸地宣扬种族主义、排外主义。节目使用的中国地图，缺少台湾和西藏部分地区，严重侵犯了中国主权和领土完整。随后，一个自称"瑞典官方频道"的账号还在中国某视频平台上上传了该节目中的辱华部分。瑞典电视台《瑞典新闻》栏目制作人扬言不会对此道歉，"中国人不懂什么是幽默，他们曲解了我们的意思"[①]。

就此，中国驻瑞典大使馆发言人已对该电视台提出强烈抗议。26 日下午，在与瑞典华人社团代表会谈后，播出"辱华"节目的瑞典电视台录制了一段看似"诚恳道歉"的视频。瑞典电视台方面称，他们"道歉"的只是节目最后那段"旅游指南"部分，并狡辩说，他们的本意并不是歧视中国人，而是"恶搞瑞典人对中国人的种族歧视"，以此去"反种族歧视"。他们声称是因为自己"对文化不敏感"，结果反而给人"种族歧视"的感觉。

西方和中国的各大主流媒体均对此事件进行了报道。新加坡《联合早报》在一篇报道中援引了中国国际问题研究所欧洲研究部主任崔洪建的分析并指出，早前三名游客被驱赶的风波仍可被视作文化差异，但最新的脱口秀节目将风波上升至对中国国家和民族的攻击，反映出更深层次的问题。

---

① 瑞典辱华节目制作人：不懂瑞典语就不知道这是幽默 无需道歉[EB/OL].(2018-09-23)[2020-03-10].https://www.guancha.cn/internation/2018_09_23_473115.shtml.

"这充满了对中国的不了解,也体现了瑞典的傲慢,是回到非常保守、与时代很不合拍的节奏。"①

中国媒体对此事件予以强烈谴责,并提出强烈抗议,认为近年来欧美各国发生多起或明或暗的辱华事件,都充斥着极度的无知和满满的偏见。然而,这个节目把"辱华"推到了新高度。《人民日报》指出:中国人民不可欺,不可辱。走出去的中国正在尝试更好地融入世界,我们欢迎客观诚恳的建议,但绝不容忍扭曲造谣式的"幽默"。② 新华社指出:真诚善意的交流、真实客观的呈现,有助于消除偏见,弥合认知鸿沟,拉近心灵距离。恶意的诋毁、无知的中伤,只会加剧隔阂,加深误解。③

针对瑞典电视台一而再、再而三的辱华行径,瑞典各大侨团代表共同签署联合声明,表达强烈抗议。华人代表表示,愿中瑞友谊万古长青,这是每一个热爱和平的瑞典华人的愿望,瑞典电视台辱华行径不可接受,强烈要求瑞典电视台及主持人罗恩达尔立刻停止类似恶意伤害中国和中国人民的娱乐节目,并向中国和中国人民诚恳地赔礼道歉,以使中瑞关系和两国人民友谊朝着健康持久的方向发展。④ 在海外生活二十多年的旅法资深媒体人郑若麟表示,恶搞中国人一是会被部分人认为"政治正确",二是不会付出什么代价。这里的"政治正确"是一个典型的西式概念,即符合大多数人的观念和意识。在西方媒体的长期灌输下,恶搞中国人恰好反映了欧洲民众的这

---

① 瑞典电视脱口秀涉辱华,中国强烈谴责促立即道歉[EB/OL].(2018-09-24)[2020-03-10]. http://www.zaobao.com/znews/greater-china/story20180924-893600.

② 中国人民不可欺,不可辱![EB/OL].(2018-09-02)[2020-03-10]. https://baijiahao.baidu.com/s? id=1612441649688316803&wfr=spider&for=pc.

③ 充满傲慢与偏见的荒唐之举[EB/OL].(2018-09-23)[2020-03-10]. http://www.xinhuanet.com//2018-09/23/c_1123473669.htm.

④ 瑞典华人抗议瑞典电视台辱华,要其向中国人民道歉[EB/OL].(2018-10-05)[2020-03-10].http://world.huanqiu.com/article/2018-10/13186584.html.

种“政治正确”。瑞典电视台如此肆无忌惮的另一个重要原因是，恶搞犹太人在欧洲大多数国家都会受到法律制裁，恶搞非洲人、阿拉伯人则会遭到强烈抗议，但针对恶搞中国人并无相应的法律法规或社会影响。

辱华事件，归根结底原因在于西方民众对中国的刻板印象，而这样的“幽默”背后的跨文化冲突表现出的并非只是文化差异，更多的是瑞典人对中国人的习惯性歧视。这场“集体无意识”行为成为双方文化交流难以跨越的障碍，可以说，这也是对于人类共同价值观的挑战。对于这场文化冲突，交往双方需要摒弃对他者的先验的价值判断，理解并接受差异性，在差异中理解自我的意义，在对话中建立互惠性理解。① 唯有如此，才能减少交流双方身份认同的割裂，使得理性交往和共识成为可能。

六、锦鲤刷屏：数字时代的新型祈福文化

2018 年 9 月 29 日，国庆节前夕，支付宝官方微博宣布，公司将从转发指定微博的用户中抽取一位“中国锦鲤”，送上超过 130 家全球品牌见面礼。10 月 7 日，在国庆节的最后一天，ID 名为“信小呆”的重庆女孩被抽中，成为“中国锦鲤”，一举成为网红，一天内粉丝量暴涨超 50 万，与“信小呆”有关的微博话题在一天内阅读量超过 2.5 亿，和她相关的话题在当天的微博热搜榜前十中占据三个。11 月 6 日，随着 IG 战队在英雄联盟 S8 全球总决赛中一举夺冠，王思聪借着热度又举行了抽奖活动。虽然王思聪的抽奖活动并未使用“锦鲤”一词，但“支付宝中国锦鲤”营销活动的热度并未散去，网友们纷纷希望自己成为中奖的“锦鲤”。35 分钟内，王思聪所发的抽奖微博转发量突破 100 万，一小时内突破了 200 万。笔者撰文时转发量已经突破 1,500

① 单波.跨文化传播的问题与可能性[M].武汉：武汉大学出版社，2010：105.

万,远超支付宝锦鲤抽奖微博的转发量。如此,"转发锦鲤"成为一场大众狂欢的活动,开启了数字时代祈福文化的新风尚。

其实,转发锦鲤祈福的行为在早些年便已出现。2013年,有网友在微博上发了一张锦鲤的图片,并附上文字"转发此锦鲤就会有好事发生"。后来多位网友效仿,有人专门开设锦鲤账号(如"@锦鲤大王")发布相关内容,并获得数百万的转发,评论区里还有无数信众还愿。

起初,网友们主要在微博转发一组真实的锦鲤图片,并在文字中附加自己的愿望,这样的微博便可称为"锦鲤祈福微博"。如果愿望成真了,就再转发一遍并说明自己的情况,这叫作"还愿"。后来,随着表情包日渐丰富,互联网锦鲤的队伍也壮大起来。一张抓人眼球的图片,再配上一句天马行空的句子表达因果关系,只要能够让网友发笑,引起大家的共鸣,就可以创造出微博热搜。

如今,"人形锦鲤"在民间的认可度更高。不同的"人形锦鲤"自成一派,"负责"开运不同的领域。由此,年画中的锦鲤形象变为各种双手合十的现实人物,例如网友公认的"躺赢"名人:杨超越、奚梦瑶、周立波、王思聪以及支付宝中国锦鲤抽奖活动的获奖者信小呆等。

锦鲤祈福也掀起了人们的热烈讨论。有人觉得它是不劳而获的代表,背离了积极向上的主流价值观;[①]也有人认为,网络祈福文化之所以吸引了众多的拥趸,反映的是整个时代的焦虑,在快节奏的生活与繁杂的人际交往困境下对生活的美好寄托。[②] 锦鲤祈福在一定程度上给予人们"安慰剂"的效应,带来心理上的满足感。即使无法生效,数字时代下锦鲤祈福所产生的

---

① 向晓玲."躺赢"的锦鲤背后是什么?[EB/OL].(2018-10-26)[2020-03-03].https://www.jiemian.com/article/2569879.html.

② 蒋建国,杨盼盼.网络祈愿:幸运游戏、精神走私与认同困境[J].探索与争鸣,2019,1(1):68.

确定感与大量人群转发带来的认同感不仅是对现实的抚慰，也是对未来的积极暗示。

锦鲤祈福不只是现代的潮流，这样的习俗早在古代就已普及。“鱼水合欢”“鲤鱼洒子”“鲤鱼跃龙门”……这些成语表明在古代，人们对锦鲤同样寄托了美好的愿望。中国文化自古以来都对鱼文化有所青睐，在低生育率的远古时期，鱼因为超强的生殖能力被送上神坛，也因其与龙相似，受到民间文化的喜爱。自唐以后，鱼文化很快走向大众化和多元化，演变为美好、富足生活的大众符号形象，成为一种祈福文化的吉祥形象，被广泛应用于民间日常生活中。[①] 在西方文化中，鱼也是祈福文化的意象之一。“西方宗教中救世主耶稣则是用五饼二鱼喂饱了几千人，在他复活以后，第一口食物就是烤鱼和饼。”[②]鱼因而代表了重生与希望的美好祈愿。由此可见，中西方对鱼符号有其各自不同的定义，但都不约而同地赋予其美好的祝愿。

传统的祈福文化即人类祈盼幸福、退避灾祸的信仰追求，是受原始思维诱发的心理现象和行为模式。它以有灵观和有神观为产生的前提，以声音、图像、动作、自然物或人工物为祈福的中介，在其传承过程中始终具有明确的对象性和功利性。[③]

而在数字时代，因为祈福对象的虚拟化呈现，神与人之间的距离被数字化的互联网空间磨平。祈福者以平等的视角进行祈福，祈福对象被拉下神坛，成为人人皆可制造的元素，消解了祈福的神秘感。此外，祈福文化也抛弃了日常的规约与限制，完全以祈福者自身为出发点进行。祈福作为传统

---

① 宁波，刘顺，何琳.中国古代鱼文化的隐喻意象与历史演化[J].中国渔业经济，2017(4)：93-99.

② 李延林，龙玉莲.英汉语中“鱼”及相关习惯表达的文化内涵与翻译[J].西安石油大学学报（社会科学版），2013，22(3)：92-97.

③ 陶思炎.中国祈禳文化论纲[J].东南文化，1991(6)：67.

仪式的意义已然消解。

由此,由锦鲤构成的祈福文化作为一种超自然力量的能指被网友不断制造与再造。祈福的中介物按照每个人的心愿被一遍遍再造。传统意义上神圣的祈福图腾变成了如今虚拟世界中可以随意使用甚至戏谑的对象,祈福文化也从带有宗教性质的实体祈福仪式变为如今互联网世界的虚拟狂欢活动。大众在锦鲤祈福的活动中不仅完成了心愿的祈祷,更完成了群体之间的互动与交流。

七、哈佛招生歧视亚裔案:平权的迷思与多元化的反讽

2018 年 10 月 15 日,持续 4 年的"哈佛招生歧视亚裔案"在美国波士顿联邦地方法院开庭审理。在这起诉讼中,学生公平录取组织(简称 SFFA)指控哈佛大学在录取学生时歧视亚裔美国人。原告方学生公平录取组织认为,在录取学生时,哈佛大学倾向于录取白人、非裔和拉丁裔学生,把学业成绩好的亚裔学生拒之门外,这种基于种族的录取政策违反了民权法;而被告方哈佛大学否认这一指控,称学校有权将族裔作为招生时的评价指标之一,以实现学生族裔的多元化。该案引发了广泛关注,此案结果可能决定全美大学平权措施的命运。

该案备受争议是因为其触及了意在鼓励少数族群在就业及受教育上获得更多机会的《平权法案》(*Affirmative Act*)。该法案始于 20 世纪 60 年代,受到全球左派思潮影响,旨在通过法律对少数种族、土著美国人、妇女等历史上被排斥的群体给予关照。在教育领域,《平权法案》导致许多学校在招生过程中常采用"种族配额"的方法,希望通过这一法案防止升学过程中的种族歧视,即按比例录取不同族裔的学生。但随后几十年该法案逐渐引

发新的争议，由于美国亚裔学生成绩普遍较好，反而在录取过程中吃亏，不同族裔同等分数却不被录取的现象屡屡发生。

《平权法案》是为了支持弱势群体，使弱势群体的社会利益得到保障。其中“种族配额”的方法是为了平衡不同族裔群体间的权利关系，保障各族裔群体的权益，但这种方法又使亚裔美国人遭遇了一定程度上的歧视，产生了负面效应，比如有学生在招生过程中假扮非裔等。因此，“种族配额”的方法是一把双刃剑，这也使得该案出现了两种声音。据BBC报道，在案件开庭审理前夕，哈佛招生政策的支持者和反对者在波士顿各地举行了游行集会，两方各自高举标语、呼喊口号。[①] 其争议焦点就是哈佛大学在招生中是否应该将种族视为能否入学的因素。

中西方媒体对这两种声音均有报道，但纵观案件的整个过程，媒体对支持原告一方的声音报道得相对更多也更丰富。根据美国的《世界日报》、中国侨网和中国新闻网的相关报道，“多元化”是支持哈佛大学一方的关键词，而美国司法部和多数亚裔组织则认为这种“多元化”成为歧视的代名词。据《纽约时报》报道，特朗普政府表示将鼓励全国学校管理者和大学校长采用无视种族的招生标准，放弃奥巴马执政时要求大学将种族视为校园多元化的一个因素的举措。[②] 美国司法部认为，哈佛大学通过人为限制合格亚裔美

① 支持还是反对 华人纠结面对哈佛“歧视亚裔”案[EB/OL].(2019-02-27)[2020-03-10].https://www.bbc.com/zhongwen/simp/world-45930984.

② GREEN E L, APUZZO M, BENNER K. Trump officials reverse Obama's policy on affirmative action in schools[EB/OL].(2018-07-03)[2020-03-10].https://www.nytimes.com/2018/07/03/us/politics/trump-affirmative-action-race-schools. html? _ ga = 2.27416764.1459692069.1549938606-1166866600.1541818895.

国人的入学人数,促使其他种族的不合格学生入学,从而对他们构成系统性歧视。[①] 另外,BBC 报道指出,除了学术和课外活动等客观指标外,哈佛大学对申请人使用"个性评分"标准,原告认为,哈佛大学在这项主观分数下为亚裔打了低分,通过这个方式操纵了新生的族裔比例,侵犯了亚裔的公民权利。[②] 这一点成为原告方最有力的证据。

哈佛大学"种族配额"的方法的确有助于使白人、非裔和拉丁裔等不同族裔群体获得平等的权益,但是同时也损害了亚裔美国人的利益。不仅如此,这种保护和推崇还会让原本更符合条件的亚裔感觉自己受到歧视,从而引发新的社会矛盾和冲突。

"从他者出发"是跨文化传播的基础,[③]然而我们面临的现实却是各文化群体更多地关注自我群体的利益,而很难达成共同利益,在追求"多元化"的道路上,也可能引发新的歧视,这使得不同文化或不同族群的共存变得虚幻起来。[④] 同时,不同族群之间也更易发生权利冲突。就"哈佛招生歧视亚裔案"而言,对《平权法案》和"种族配额"的方式既有支持的声音,也有反对的声音,这是由于不同的群体往往会朝着符合自身权益的方向解读相关的法律。所以我们需要反思多元文化传播和跨文化传播,扎根理论与实践,才有可能找到实现平权与和谐社会的路径。

---

① BENNER K, DEPT J. Backs suit accusing Harvard of discriminating against Asian-American applicants[EB/OL].(2018-08-30)[2020-03-10]. https://www.nytimes.com/2018/08/30/us/politics/asian-students-affirmative-action-harvard. html? _ ga = 2.115571014.1777143274.1550216962-1166866600.1541818895.

② 支持还是反对 华人纠结面对哈佛"歧视亚裔"案[EB/OL].(2018-10-26)[2020-03-10]. https://www.bbc.com/zhongwen/simp/world-45930984.

③ 单波. 跨文化传播的问题与可能性[M]. 武汉:武汉大学出版社, 2010:261.

④ 单波. 跨文化传播的问题与可能性[M]. 武汉:武汉大学出版社, 2010:247.

八、IG 夺冠下的全民狂欢：青年亚文化与主流文化的碰撞与融合

2018 年 11 月 3 日晚，在韩国仁川举行的 2018 英雄联盟（League of Legends）全球总决赛（S8）中，王思聪投资的 IG 电子竞技俱乐部以 3∶0 的比分战胜了强大的对手——欧洲老牌俱乐部 FNC，夺得冠军。在此前的 7 届比赛中，中国大陆的战队从未获得过这项最高荣誉，IG 战队也由此创造了中国电竞的新历史。

夺冠后，“IG 冠军”“王思聪”“IG 永不五杀”等关键词登上微博热搜榜，一度导致微博服务器瘫痪。不到一个小时，IG 战队官方微博账户发布的夺冠消息下的评论数就接近 3 万条，点赞数更是超过了 12 万次。当晚，央视新闻、人民电竞、紫光阁等媒体第一时间发消息祝贺 IG 夺冠，这引起大批网友的转发。网友们纷纷表示朋友圈被“IG 夺冠”的消息刷屏。

11 月 6 日起，王思聪在微博发起了“庆祝 IG 夺冠”的多轮抽奖活动，奖品十分丰厚，获奖人数设置较多，其中一条微博因“113 人平分 113 万元现金”的奖项设置吸引了 1,600 余万名网友转发参与抽奖，这被称为“微博史上参与人数最多的抽奖”。由于这些抽奖微博被大量转发，“IG 夺冠”的消息早已不局限于少数游戏玩家，而是“出圈”进入大众视野里，进行更广泛的传播，成为真正意义上的“全民狂欢”。

IG 夺冠引发全民狂欢的背后，是电竞文化乃至游戏文化作为青年亚文化与主流文化发生的碰撞与融合。亚文化往往被定义为“一种对已有的通常是精英主导的主流文化颠覆的文化形态，反映处在边缘地位的青年群体

所独有的生活方式、意识习惯和价值观念"①,作为青年亚文化的电竞文化,在中国语境下的发展可谓是曲折不断。

1998年,暴雪娱乐公司出品的游戏《星际争霸》进入中国市场,开启了中国乃至全球的电子竞技时代。2003年11月,国家体育总局正式将电子竞技设立为第99项体育项目,鼓舞大批游戏玩家走向职业道路。在此阶段,电竞游戏文化虽然为亚文化,但与主流文化彼此妥协融合,没有出现强烈的碰撞与冲突。

2004年4月,广电总局发文禁播电竞相关节目,主流语境对电子游戏的讨伐就此拉开。网络游戏的负面影响,被讨论最多的是"影响青少年学业与身体健康",在《人民日报》等主流媒体上甚至出现过"沉迷网络游戏导致青少年视网膜裂孔、离家出走、打伤父母、自杀、杀死老师、杀死亲戚全家""专家称玩网游导致很多孩子大脑功能退化、引发犯罪行为,网游成瘾是精神疾病"的描述。② 2008年,中央电视台播出以杨永信为主角的纪录片《战网魔》,宣传其使用电击"治疗"未成年人网瘾的"有效"成果,大批媒体对其在治疗青少年网瘾方面所做的努力大加赞赏,杨永信一时间成为家长心中的"救世主"。然而,自2009年起,一些纸媒刊登《暗访杨永信网瘾戒治中心:杨永信和传销一个样》《杨永信网戒中心的86条规定》等文章,2009年8月,中央电视台先后在《新闻调查》和《经济半小时》栏目中播出《网瘾之戒》和《网瘾少年成了谁的摇钱树?》,曝光了杨永信网瘾治疗行业的黑暗。但与此同时,电竞游戏文化与主流文化的矛盾却日渐升级。媒体作为主流意识形态的宣传工具在对"网游族"(对游戏玩家的一种称号)的形象塑造中存在污

---

① 孙黎.青年亚文化视角下的社交媒介依赖研究[J].东南传播,2016(3):32-34.

② 冯瑄.胡畔:触目惊心的"网瘾"案例[N].人民日报,2006-07-20(13).
何威,曹书乐.从"电子海洛因"到"中国创造":《人民日报》游戏报道(1981—2017)的话语变迁[J].国际新闻界,40(5):57-81.

名化的建构，通过对特殊情节的强调和放大，无形中给“网游族”贴上了“失足青年”“犯罪倾向”等负面化的标签。①

但近些年，网络游戏的生存环境似乎有所改善。2011年，以王思聪的普思资本为代表的资本方重新进入电子竞技产业，中国的电子竞技职业化道路全面铺开，大量电竞俱乐部成立。2014年，电竞选手开始进入体育新闻，重新回到主流视野，海外游戏直播平台Twitch被亚马逊巨资收购，正式点燃了国内资本市场对于游戏直播的热情，斗鱼、虎牙、熊猫等直播平台迅速兴起。2015年国务院下文正式解除了长达14年的游戏机禁令。这一时期，主流媒体对游戏的报道又融入了这一时期“社会主义核心价值观”“中国文化走出去”“讲好中国故事”“文化自信”等一系列主流叙事中，频繁使用“民族网络游戏”“中国游戏”等新概念，认为网络游戏也可能是优秀、精品、绿色的，能承载“中国文化走出去”的历史使命。② 青年亚文化的电竞游戏文化与主流文化的碰撞逐渐消减，亚文化向主流文化逐步靠近。

2017年，亚洲奥林匹克理事会宣布，电子竞技将成为2018年雅加达亚运会的表演项目之一，并在2022年杭州亚运会中成为正式比赛项目。自此，“电竞是一份正经的工作，还有机会为国争光”“电竞正在成为‘全球化优先’竞技活动，要为社会发展带来更多正向价值”等正面宣传在主流媒体中逐渐增多，电竞比赛走入公众视野，“电子竞技是正式体育竞赛项目”的观点也逐渐被人们接受。③

IG夺冠后的“全民的狂欢”，可以被视为“青年亚文化的电竞游戏慢慢脱离小众群体，进入主流视野”的个案。在我国目前的经济体制之下，面对世

① 郝园园.青年亚文化现象的重新解读[J].当代青年研究，2014(1)：84-88.

② 孙黎.青年亚文化视角下的社交媒介依赖研究[J].东南传播，2016(3)：32-34.

③ 徐靖.玩物有志[N].人民日报，2017-01-17(9).
吴乐珺.“虚拟空间”竞技促进跨文化交流[N].人民日报，2017-09-27(22).

界性游戏产业的大发展,国内外资本有能力而且有充足的意愿通过媒体等渠道重塑社会对这一产业的认知与定位,将电子游戏置入"文化产业"的框架中,这也恰好符合政府对于中国产业规划的需要。事实上,上述报道中的各种话语都或明或暗地是资本的利益需求与国家的产业规划合流的呈现。在资本和政策的介入下,青年亚文化向主流文化靠拢,主流文化接纳青年亚文化,双方在获得利益的同时也需要付出各自的代价。

九、俞敏洪发表"女性堕落论"引发争议

2018 年 11 月 18 日,新东方教育集团董事长兼总裁俞敏洪在第六届学习力大会上发表了"在变革中教育领域的机遇与挑战"的主题演讲。会上俞敏洪表示,"如果所有的女生都说中国男人就是要他赚钱,至于说他良心好不好,我不管,那所有中国男人都会变成良心不好,但是赚钱很多的男人。这正是现在中国女生挑选男人的标准。所以,实际上一个国家到底好不好,我们常常说在女性,就是这个原因,现在中国是因为女性的堕落才导致整个国家的堕落"。

此言一出,立即在网上引起了网友的热议,关键词"俞敏洪"更是在两日内频繁登上微博热搜榜。

俞敏洪言论的支持者们认为,俞敏洪并没有性别歧视,他的言论的重点不在性别,而在社会的评价标准会在很大程度上影响一个人奋斗的方向。中国女性在婚姻中对于物质的追求给中国男性造成了很大的压力,这导致整个社会的风气"向钱看",女性的堕落甚至拉低了中国年青一代的素质,所以导致了国家的堕落。此外,他们还认为俞敏洪的发言遭到"口诛笔伐",是因为其戳中了现代女性的痛点,又被蹭热点的自媒体刻意引导,这是群体情

绪化、非理性的表现。女权主义者给俞敏洪的观点扣上“性别歧视”的罪名，是在借机发泄情绪、辱骂俞敏洪。

同时也有众多“大 V”及网友对俞敏洪的言论表示不满。他们认为俞敏洪的言论歧视女性，并缺乏有力论据。没有证据可以证明所有的女性都以物质为唯一的择偶标准而不顾道德良心。女作家六六发微博讽刺以俞敏洪为代表的部分中国男性，他们将对社会、国家的贡献全部归于自己，而将负面影响归咎于女性；女演员张雨绮则在微博上怒怼：“我只能说，北大的教育和新东方的成功都没能帮你理解女性的价值，没让你能理解什么是平等的两性关系，甚至没帮你搞明白什么是平等。”[①]俞敏洪观点的反对者大多数是女性，但也有部分男性。反对者认为，俞敏洪试图将男女不平等给社会带来负面影响的责任推给女性，在禁锢了女性价值的同时也贬低了男性的社会价值。

中立者则认为，要冷静分析俞敏洪言论的社会心理原因，不要盲目挑起性别矛盾。俞敏洪是一名男性，且在父权至上的传统家庭中成长，他的部分思想停留在儒家式的传统伦理中不能自拔，他本人既是男权制度的得益者，也是“旧礼教的牺牲品”。这可能也是包括俞敏洪在内的那一代男性的典型问题。[②]

11 月 18 日晚间，俞敏洪发表微博对此事做出回应：“我想表达的真正意思是：一个国家的女性的水平，就代表了国家的水平。女性素质高，母亲素质高，就能够教育出高素质的孩子。男性也被女性的价值观所引导，女性如果追求知性生活，男性一定会变得更智慧；女性如果眼里只有钱，男性就会

---

① 见张雨绮 2018 年 11 月 18 日微博。

② 王芊霓.俞敏洪宣扬“堕落论”，可我们要谈谈家庭教育“丧偶论”[EB/OL].(2019-02-19)[2020-03-10].https://www.thepaper.cn/newsDetail_forward_2650819.

拼命去挣钱,忽视了精神的修炼。女性强则男人强,则国家强。”

然而,他的解释并未让争议就此平复。针对俞敏洪有关女性的言论,全国妇联、北京市妇联等均发声予以批驳。11 月 20 日,俞敏洪专程来到全国妇联机关,向广大女同胞作出道歉。21 日,《中国妇女报》发文《让尊重关爱妇女儿童、促进男女平等成为全社会的风尚》,回应俞敏洪的公开道歉。此后,该事件告一段落,但争议仍未就此平复。

俞敏洪的言论引起了如此激烈的争议和反响,正是因为其戳中了传统父权与新女性主义对立的矛盾点。女性主义者们对俞敏洪的性别歧视言论充分地表达了不满的情绪,并借助网络平台活跃地发表言论、交流观点,这是女性有意识地争取话语权、要求打破男性主宰格局、彰显个人价值的体现。而俞敏洪在发言之后数次进行解释和道歉,也正是女性主义兴起的背景下舆论压力所致。

女性独立意识与自我意识的觉醒,是对传统的男权思想与男性主导的父权社会的冲击和挑战,女性权益与地位的提升势必影响男性的权益,时过境迁,过去由男性主宰女性、“一言堂”的格局将逐渐消解。

而在本次事件中,受到挑战的传统男权主义者通过反驳、辱骂甚至将女权主义污名化的方式,极力反对和打压女性表达言论的自由。他们借由俞敏洪事件发泄对女性主义的不满,试图继续维持男权至上、父权主宰的传统的“公序良俗”,其目的是维护自身群体的既得利益。

十、杜嘉班纳辱华:文化符号的误读与跨文化道歉策略

意大利奢侈品牌杜嘉班纳(Dolce & Gabbana,缩写 D&G)原定于 2018 年 11 月 21 日在上海举办品牌大秀,并为本次大秀用上了“杜嘉班纳爱中国

(D&G Loves China)"的标签。然而,其广告宣传片却被指涉及辱华内容,其设计师随后在社交网站上发布了辱华言论,由此引发广泛争议。

杜嘉班纳于11月17号在Instagram和微博上先后发布主题为"起筷吃饭"的宣传片。该视频中,一名亚裔模特拿着筷子吃比萨、意大利式甜卷等食物,把意大利比萨称为"意大利伟大的传统玛格丽特比萨",把筷子叫作"小棍子"。该视频引发网络热议,有网友指出,片中旁白刻意模仿中式英语的发音,语气傲慢;视频色调灰暗吊诡,给人以沉闷之感;模特吃比萨的动作过于笨拙,引人不适。迫于舆论的压力,杜嘉班纳官方微博在24小时内撤下了该广告。但是在国外社交媒体上,杜嘉班纳的官方账号并未将该广告撤下。于是有网友在Instagram上就此事件质疑并询问杜嘉班纳设计师斯蒂芬诺·嘉班纳(Stefano Gabbana),他同时也是该品牌的两位创始人之一。斯蒂芬诺·嘉班纳在和网友对话过程中,称不会下架视频,随后破口大骂,发表辱华言论,并称不怕被网友曝光。2018年11月21日,国内多名受邀参加杜嘉班纳品牌大秀的明星发声抵制,多名走秀模特纷纷表示罢演。随后,杜嘉班纳官方发布消息称,原定于2018年11月21日晚8时在上海世博中心举行的杜嘉班纳品牌大秀因故改期。

不尊重中国的筷子文化是该广告引起中国网民不满的主要原因。筷子是最主要的中餐餐具之一。据考证,中国人以其进餐至少有3,000年的历史。[①]《韩非子·喻老》中有"昔者,纣为象箸而箕子怖",司马迁在《史记·宋微子世家》中也有"纣始为象箸"的记载。[②]筷子早已在崇尚"民以食为天"的中国人心中成为一种意义重大、含义深厚的文化符号。中国人在使用筷子时,更是有诸多规范与禁忌,例如手指指法必须正确,两根筷子必须密切配

---

① 蓝翔.筷子三千年[M].济南:山东教育出版社,2017:24.

② 卢茂村.筷子古今谈[J].农业考古,2004(1).

合;用筷子忌刺筷、抖筷,不能用筷子插取食物等。[①] 中国父母都会在孩子年幼时教其正确的筷子使用方法与礼仪,以免孩子在餐桌上做出失礼之举。而杜嘉班纳广告中的主角在使用筷子时,不但称其为“小棍子”,还将一双筷子分别握在左、右手中,在比萨上做出划、拉、插的动作,在夹取甜卷时又反复表现出笨拙无力之态,这显然与从小就被教以筷子礼仪的中国人的餐桌形象不符,这样的视频内容是对中国人餐桌形象的一种自以为是的误读与冒犯。

不过,在关于此事件热门微博的讨论区中,网民对杜嘉班纳这支广告是否具有辱华性质的讨论还存在一定的分歧。仅就广告片本身而言,有网友认为它确实不符合国人审美,筷子的使用方法不合中国用筷礼仪,其中体现出的高高在上的文化优越感更是引起国人心理不适,这反映出杜嘉班纳对中国文化缺少尊重,疏于了解且充满偏见,但我们却不必将其上升到辱华高度。至于其设计师的回应,则一致被网民评论为具有辱华性质,严重伤害了中国人民的感情。

在此言论被网友曝光之后,斯蒂芬诺·嘉班纳在其个人社交网络账号上发出信息,称其账号被盗,辱华言论并非出于自己之口,这再次引发国内网民不满。杜嘉班纳官方于2018年11月21日晚间发表声明称,对中国“怀有爱与热情”,对当日所发生的一切表示“不幸”(unfortunate),国内网友不接受这样缺乏诚意的声明。2018年11月22日,国内多家电商平台表示已下架与杜嘉班纳相关的商品与内容,不再接受订单。2018年11月23日,杜嘉班纳在官方微博、Instagram、YouTube、Facebook等社交平台发布道歉声明。斯蒂芬诺·嘉班纳在个人Instagram账号上发表同样的致歉声明。在

---

① 唐家路.饮食器用[M].北京:中国社会出版社,2010:154.

官方微博发表的道歉视频下，点赞量在 3 万以上的 10 条评论均认为这份道歉不够真诚，表示拒绝接受，其中有网友直接表示“我不接受你们的道歉”“你当我们傻?”其中原因可以从此次道歉的时机与内容以及中西方的道歉文化差异上得到一定的解释。

艾伦・拉扎尔(Aaron Lazare)在其著作《道歉的力量》中将一种迟来的道歉称为“策略性道歉”，即“冒犯者企图利用道歉来谋取自身利益”①。在这样的道歉中，“冒犯者企图操纵外在环境来谋取自身利益，或缓和冒犯行为的负面影响”②。在道歉的时机上，杜嘉班纳先是否认其辱华言论，接着发表声明“为所有人感到不幸”，在国内电商下架其品牌商品之后才进行道歉，这成为国内网民心中“迟来的策略性道歉”，因而较一个及时的道歉而言，被冒犯者感受到的道歉真诚度大大削减。从道歉内容来看，该视频道歉可分为非言语部分和言语部分。视频中两位品牌创始人道歉时并未穿着正装，眼神飘忽，表情木然，这被微博网友认为缺乏歉意，不够真诚。在此道歉视频共 14 句文本中，有两句使用了“否认”策略，他们都使用“如果我们犯了错误”这样的表达，这是对基本事实的模糊陈述，未提到此错误究竟是广告内容还是斯蒂芬诺・嘉班纳在社交平台上的辱华言论，将事件的发生掩盖在附加条件之下，可见这样的认错是有条件的认错，是不充分的认错。

道歉方式因文化而异。有研究表明，汉语道歉用语比西方道歉用语有一个更为复杂的道歉体系，更强调道歉者需要承担责任。③ 这就要求西方道歉者在道歉时更加谨慎地选用道歉词汇，体现谦恭的态度并明确表明自身应承担的责任。杜嘉班纳虽然在此次广告争议与辱华言论事件之后做出了

① 拉扎尔.道歉的力量[M].林凯雄，叶织茵，译.北京：北京联合出版公司，2017：165.

② 拉扎尔.道歉的力量[M].林凯雄，叶织茵，译.北京：北京联合出版公司，2017：164.

③ BENOIT W L. Image repair discourse and crisis communication[J]. Public relations review, 1997, 23(2): 177-186.

道歉，但该道歉视频中道歉者态度不够谦恭，道歉时敷衍地解释事实、承认错误以及说明自身责任，因而此道歉显然不能达到中国公众的要求与期待。

拉扎尔在其著作中提出的道歉被拒绝的另一个原因是：冒犯情节太过严重和道歉未能满足被冒犯者的需求。[①] 在杜嘉班纳事件中，对中国传统文化的冒犯、粗鲁无礼的辱华言论以及不够充分的道歉，都是其冒犯行为不能得到中国人民宽恕的原因。在跨文化交流中，跨国公司仅仅关注商业利益是短见之举，以平等姿态深入了解并尊重异国文化，才能获得更长远的发展。而文化冒犯者作出真诚及时的道歉，在缓解跨文化冲突中的作用也是毋庸置疑的，冒犯者要想修复关系损伤，一个真诚及时、契合被道歉方道歉文化的道歉必不可少。

① 拉扎尔.道歉的力量[M].林凯雄，叶织茵，译.北京：北京联合出版公司，2017:201.

图书在版编目(CIP)数据

跨文化传播研究.第一辑 / 单波主编. --北京 ：中国传媒大学出版社，2020.6
(传媒集刊)
ISBN 978-7-5657-2637-8

Ⅰ. ①跨…　Ⅱ. ①单…　Ⅲ. ①文化传播－研究　Ⅳ. ①G0

中国版本图书馆 CIP 数据核字(2019)第 265310 号

跨文化传播研究(第一辑)

KUAWENHUA CHUANBO YANJIU(DI-YI JI)

主　　编	单　波
策划编辑	王雁来
责任编辑	王雁来
装帧设计	拓美设计
责任印制	李志鹏
出版发行	中国传媒大学出版社
社　　址	北京市朝阳区定福庄东街 1 号　　邮编:100024
电　　话	86-10-65450528　65450532　　传真:65779405
网　　址	http://cucp.cuc.edu.cn
经　　销	全国新华书店
印　　刷	北京玺诚印务有限公司
开　　本	787mm×1092mm　1/16
印　　张	10.5
字　　数	138 千字
版　　次	2020 年 6 月第 1 版
印　　次	2020 年 6 月第 1 次印刷
书　　号	ISBN 978-7-5657-2637-8/G・2637　　**定　价**　58.00 元